J. ET J. GUION

CM1

COLLECTION

ORTH

apprendre l'orthographe

HATIER

Illustrations : Marc Goubier

Conception graphique : Jehanne Marie Husson

Mise en page : Christine Godefroy

Couverture : Christian Scheibling

 ISBN 2.218 72857-5

ORTH CM1

Ce manuel ORTH CM1 contient plus de 400 exercices correspondant aux notions d'orthographe que les élèves de CM1 doivent connaître.

Il comprend trois grandes parties :

O comme Observation

Dix fiches d'**exercices d'observation** de la langue écrite. Elles sont destinées, en début d'année, à habituer l'élève à réfléchir sur sa langue et à découvrir ainsi les principes fondamentaux de l'orthographe.

R comme Règles

Les **règles** recouvrent les grands domaines de l'orthographe :

- les notions grammaticales de base ;
- l'orthographe d'usage ;
- les homophones grammaticaux (a/à, son/sont, ce/se…) ;
- les accords en genre et en nombre ;
- les formes verbales, avec en particulier la conjugaison des verbes fondamentaux.

Liste des règles p. 174

T - H comme Transfert et Habileté

Dix fiches d'**exercices de révision**. Elles sont destinées à aider au transfert des acquisitions pour conduire à l'habileté orthographique, avec en particulier des dictées silencieuses (textes à compléter).

En plus de ces trois parties, ORTH contient :

La liste des mots à apprendre au CM1

Plus d'un millier de mots doivent être appris au CM1. Ils se retrouvent tout au long du livre dans les différents exercices et leur liste figure en fin d'ouvrage.

Des tests d'évaluation

Un test de départ et un test final permettent d'évaluer le niveau des élèves en début d'année et de faire le bilan des notions acquises en fin d'année.

Conseils d'utilisation

Les tableaux des règles

L'élève doit **observer attentivement** le tableau de la règle avant de faire ses exercices. Il doit ensuite apprendre à **exprimer ce qu'il comprend.** La rubrique ***Retiens***, sous le tableau visuel, propose une formulation de la règle. Cette formulation peut également être élaborée en classe avec le professeur et devenir l'occasion d'un travail collectif de réflexion grammaticale.

Les exercices

Dans les exercices à trous, l'élève doit répondre en écrivant non seulement la réponse demandée, mais aussi **tout ce qui, dans la phrase, permet de comprendre la bonne réponse.** L'élève prend ainsi l'habitude de sélectionner les informations utiles qui expliquent les marques orthographiques. Par exemple, soit la phrase à compléter : *As-tu regard... la télévision hier soir ?* L'enfant ne doit pas se contenter d'écrire *regardé*. Il devra écrire : *As-tu regardé ?*

L'évaluation

– On peut estimer qu'un élève réussit un exercice systématique lorsqu'il obtient une réussite au moins égale à 90 %.

– Tous les exercices sont prévus pour pouvoir être très facilement notés sur 10 ou sur 20, ce qui rend possible une évaluation suivie des résultats.

– Certains exercices sont corrigés en fin d'ouvrage pour permettre une autocorrection, si le professeur le désire.

– Pour assurer la fiabilité de l'évaluation, les deux tests qui figurent dans ce livre ne sont pas corrigés.

La progression

O.R.T.H. est d'un emploi très souple. Le professeur peut déterminer l'ordre d'étude des règles selon les lacunes de ses élèves ou en fonction de sa progression pédagogique.

Exemple de progression, établie en fonction de la difficulté moyenne d'apprentissage des notions d'orthographe :

R1 - R2 - R3 - R4 - R5 - R6 - R31 - R46 - R59 - R7 - R32 - R47 - R8 - R9 - R33 - R48 - R60 - R10 - R34 - R49 - R61 - R11 - R35 - R12 - R36 - R50 - R62 - R13 - R37 - R51 - R63 - R14 - R15 - R38 - R52 - R64 - R16 - R17 - R39 - R53 - R65 - R18 - R19 - R66 - R20 - R40 - R54 - R67 - R21 - R55 - R68 - R22 - R69 - R23 - R41 - R70 - R24 - R42 - R56 - R71 - R25 - R72 - R26 - R43 - R57 - R73 - R27 - R44 - R74 - R28 - R75 - R76 - R29 - R45 - R77 - R30 - R78 - R79 - R58 - R80 - R81.

Présentation d'une règle

Tableau de la règle pour bien comprendre la difficulté orthographique.
La présentation visuelle aide la perception et la mémoire.

Exercices d'apprentissage sans corrigés, pour les contrôles, les révisions, etc.

Exercices d'apprentissage corrigés en fin d'ouvrage.

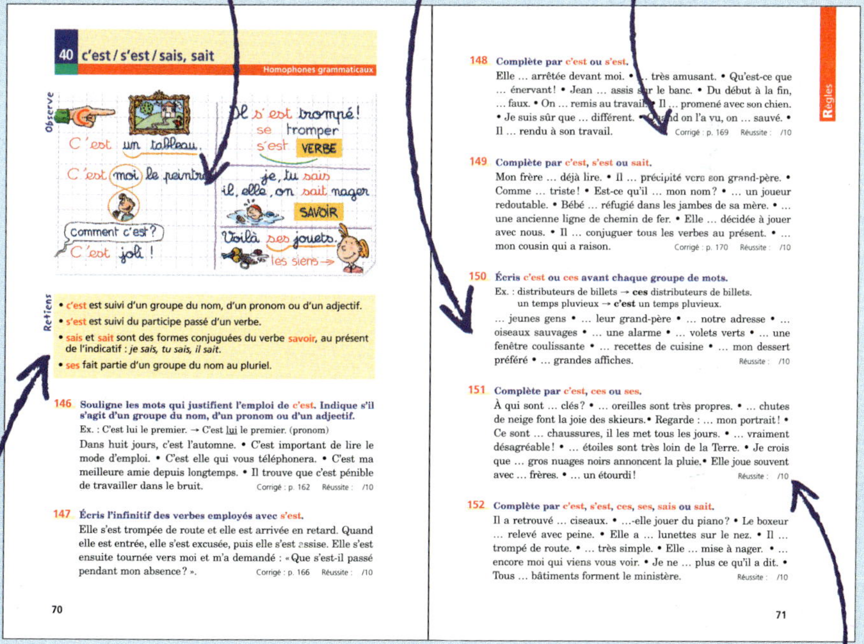

40 c'est / s'est / sais, sait

Homophones grammaticaux

Observe

Retiens

- c'est est suivi d'un groupe du nom, d'un pronom ou d'un adjectif.
- s'est est suivi du participe passé d'un verbe.
- sais et sait sont des formes conjuguées du verbe savoir, au présent de l'indicatif : *je sais, tu sais, il sait.*
- ses fait partie d'un groupe du nom au pluriel.

146 Souligne les mots qui justifient l'emploi de c'est. Indique s'il s'agit d'un groupe du nom, d'un pronom ou d'un adjectif.
Ex. : C'est lui le premier. → C'est lui le premier. (pronom)
Dans huit jours, c'est l'automne. • C'est important de lire le mode d'emploi. • C'est elle qui vous téléphonera. • C'est ma meilleure amie depuis longtemps. • Il trouve que c'est pénible de travailler dans le bruit. Corrigé : p. 162 Réussite : /10

147 Écris l'infinitif des verbes employés avec s'est.
Elle s'est trompée de route et elle est arrivée en retard. Quand elle est entrée, elle s'est excusée, puis elle s'est assise. Elle s'est ensuite tournée vers moi et m'a demandé : « Que s'est-il passé pendant mon absence ? ». Corrigé : p. 166 Réussite : /10

70

Règles

148 Complète par c'est ou s'est.
Elle … arrêtée devant moi. • … très amusant. • Qu'est-ce que … énervant ! • Jean … assis sur le banc. • Du début à la fin, … faux. • On … remis au travail. • Il … promené avec son chien. • Je suis sûr que … différent. • Quand on l'a vu, on … sauvé. • Il … rendu à son travail. Corrigé : p. 169 Réussite : /10

149 Complète par c'est, s'est ou sait.
Mon frère … déjà lire. • Il … précipité vers son grand-père. • Comme … triste ! • Est-ce qu'il … mon nom ? • … un joueur redoutable. • Bébé … réfugié dans les jambes de sa mère. • … une ancienne ligne de chemin de fer. • Elle … décidée à jouer avec nous. • Il … conjuguer tous les verbes au présent. • … mon cousin qui a raison. Corrigé : p. 170 Réussite : /10

150 Écris c'est ou ces avant chaque groupe de mots.
Ex. : distributeurs de billets → **ces** distributeurs de billets.
un temps pluvieux → **c'est** un temps pluvieux.
… jeunes gens • … leur grand-père • … notre adresse • … oiseaux sauvages • … une alarme • … volets verts • … une fenêtre coulissante • … recettes de cuisine • … mon dessert préféré • … grandes affiches. Réussite : /10

151 Complète par c'est, ces ou ses.
À qui sont … clés ? • … oreilles sont très propres. • … chutes de neige font la joie des skieurs. • Regarde : … mon portrait ! • Ce sont … chaussures, il les met tous les jours. • … vraiment désagréable ! • … étoiles sont très loin de la Terre. • Je crois que … gros nuages noirs annoncent la pluie. • Elle joue souvent avec … frères. • … un étourdi ! Réussite : /10

152 Complète par c'est, s'est, ces, ses, sais ou sait.
Il a retrouvé … ciseaux. • …-elle jouer du piano ? • Le boxeur … relevé avec peine. • Elle a … lunettes sur le nez. • Il … trompé de route. • … très simple. • Elle … mise à nager. • … encore moi qui viens vous voir. • Je ne … plus ce qu'il a dit. • Tous … bâtiments forment le ministère. Réussite : /10

71

Formulation de la règle présentée dans le tableau.

Notation facile des exercices, sur 10 ou 20 points.

Test de départ

Ces vingt questions correspondent à des règles d'orthographe qui sont au programme de CM1.

Passe ce test sans dictionnaire et sans regarder dans le livre.

1 Complète ces mots par s ou ss.

un fo…é   une traver…ée   enta…er

2 Accorde les adjectifs.

Anne avait mis des chaussures fourré…, une veste chaud… et une jupe très long… .

3 Choisis entre a et à pour compléter la phrase.

Pense … réviser tes leçons !

4 Quel est l'infinitif de ces verbes ?

nous apprenons : …………………   ils disent : …………………

5 Complète ces mots par aill, eill ou ay.

une r…ure   une corb…e

6 Accorde les verbes (au présent de l'indicatif).

Sylvie et Thierry pass… leurs vacances en caravane.
Leur voisin les regard… toujours partir avec envie.

7 Ajoute les lettres muettes qui manquent.

Partons : c'est un endroi… tro… bruyan… !

8 Que manque-t-il : ai, es ou est ?

Je n'… pas attendu.

9 Écris au pluriel.

un rideau : des …………………   un travail : des …………………

10 Choisis entre ce et se pour compléter la phrase.

À qui appartient … collier ?

11 Ajoute les accents qui manquent.

une region   en colere   electrique

12 **Écris ces verbes à la 1re et à la 3e personne du singulier du présent de l'indicatif.**

courir : je .... , il ....

clouer : je .... , il ....

13 **Complète la phrase par conte, compte ou comte.**

Sa grand-mère nous a lu un très joli ....

14 **Accorde les participes passés.**

Les personnes invité... au repas sont arrivé... en avance.

15 **Complète le verbe au temps qui convient.**

Demain, nous termin... notre partie de cartes.

16 **Choisis entre on et ont pour compléter la phrase.**

Ils ... chanté toute la nuit.

17 **Que manque-t-il : i, is ou it ?**

Elle a compr... le problème.

18 **Choisis entre é, er, ait ou ez pour compléter la phrase.**

Le vent l'empêche d'avanc... .

19 **Complète la phrase par leur ou leurs.**

Les gendarmes ...... ont demandé ...... papiers.

20 **Conjugue le verbe faire aux trois personnes de l'impératif présent.**

C'est un ordre : ....

Note : ...... / 20

(1 point par question entièrement réussie).

Dans ce tableau, entoure les numéros des questions où tu as fait des erreurs.
À côté figurent les numéros des règles que tu as besoin d'apprendre.

1	R6	6	R53 R54	11	R11	16	R41
2	R50 R51	7	R14 R29	12	R63	17	R72
3	R34	8	R61	13	R28	18	R73 R76
4	R59	9	R47	14	R55 R57	19	R42
5	R9 R10	10	R35	15	R68	20	R74

Observation de la langue

• Dix fiches proposent des exercices d'observation. Seules les cinq premières sont corrigées pour permettre au professeur d'organiser la classe avec plus de liberté (autocorrection, correction collective, contrôles, etc.).

• À la fin de chaque fiche, une mention rappelle le barème de notation, qui est très simple : un point par réponse juste.

1 fiche d'observation

Un Indien qui s'applique

Un Indien envoie des messages avec de la fumée.
Un visage pâle est étonné et lui demande :
– À quoi sert cet extincteur, à côté de vous ?
– C'est ma gomme, quand je fais une faute.

1 Relie le verbe conjugué (à gauche) à son infinitif.

il envoie	voir
il se sert	serrer
il voit	envoyer
il serre	se servir

2 Complète les noms.

fumer → la fum...
ranger → une rang...
rentrer → la rentr...
arriver → une arriv...
porter → une port...

3 Écris le féminin des noms suivants.

un chien, un musicien, un Indien, le gardien, un Parisien.

4 Voici deux mots découpés dont les morceaux ont été mélangés. Retrouve ces deux mots.

MES | TINC | EX | SAGE | TEUR

5 Prends le mot gomme. Enlève la première lettre et mets une autre consonne à la place. Écris quatre mots que tu peux obtenir de cette façon.

20 réponses à trouver,
20 points à gagner !

Corrigé p. 158

2 fiche d'observation

Des spaghettis très pratiques

Vous avez sûrement déjà mangé des spaghettis. Ce sont des pâtes fines, longues et rondes. Il existe maintenant des spaghettis carrés ! On dit qu'ils sont plus faciles à prendre avec une fourchette !

1 Complète ces phrases.

Ce sont des pâtes fines, longues et rondes.
Ce sont des bâtons … , … et … .
C'est une baguette … , … et … .

2 Complète ces phrases.

Les spaghettis carrés sont plus faciles à prendre.
Les pâtes … sont plus … à prendre.
Un macaroni … est plus … à prendre.

3 Complète ces expressions par pâte(s) ou patte(s).

les … du chien
des … à la tomate
Il a marché dans la boue, ses … sont sales.
Le pâtissier a mis du beurre dans sa … .

4 Ces mots se terminent par -ile, sauf deux. Lesquels ?

immobile agile difficile
persil docile fragile inutile
utile facile fusil

5 Complète les noms.

une fourche → une fourchette
un casque → une casqu…
une trompe → une …
une … → une planchette
une fille → une …

20 réponses à trouver,
20 points à gagner !

Corrigé p. 158

3 fiche d'observation

Un bruit curieux

Un petit garçon qui n'avait jamais quitté la ville passe ses vacances dans une ferme. Il découvre les animaux… Un mois plus tard, il raconte à son grand-père :
– Tu sais, pépé, les cochons, ils parlent comme toi quand tu dors.

1 Les mots suivants se terminent toujours par la même lettre qui ne s'entend pas. Laquelle ?

jamais, toujours, depuis, plusieurs, longtemps.

2 Complète par moi ou mois, toi ou toit.

… , j'attends sa lettre depuis un … .
… , tu prends l'échelle pour monter sur le … .

3 Complète les verbes.

En ce moment, tu dor… , nous dor… , ils dor… .

4 Complète les phrases.

Je passe	mes	vacances	à la campagne.
Il passe	…	…	à la campagne.
Nous passons	…	…	à la campagne.
Où passez-vous	…	…	?

5 Complète avec le masculin des adjectifs.

Elle est courte. → Il est … .
Elle est bavarde. → Il est … .
Elle est sotte. → Il est … .
Elle est chaude. → Il est … .

6 Écris les mots qui manquent.

le fermier → la fermière
un … → une cavalière
un infirmier → une …
l' … → l'épicière
le … → la charcutière
un bijoutier → une …

20 réponses à trouver,
20 points à gagner !

Corrigé p. 158

4 fiche d'observation

Le hérisson

Nous sommes aux Indes. Un fakir fait la sieste sur une planche à clous. Il caresse un petit hérisson qui s'est blotti dans ses bras en murmurant :
– Minou, Minou…

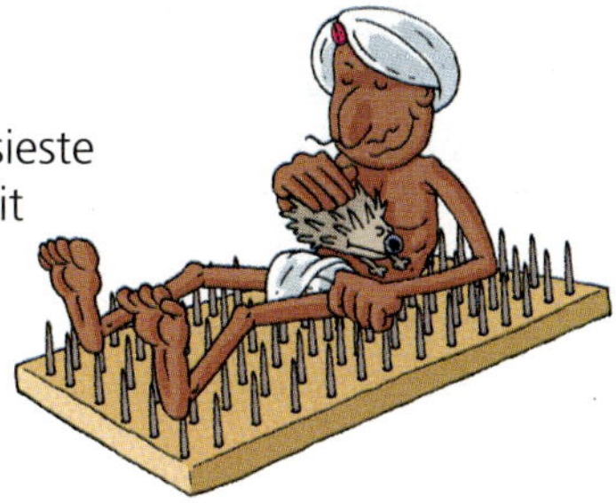

1 Dans le texte ci-dessus, il y a : s'est blotti.

Il s'agit du verbe … … .

2 Une planche à clous est une planche qui a des clous. Voici d'autres planches. Complète par le pluriel, si c'est nécessaire.

une planche à pain…
une planche à roulette…
une planche à voile…
une planche à billet…

3 Trouve l'infinitif de ces trois verbes.

sommes - fait - caresse.

4 Complète.

Dans **ses** bras, dans **les siens**, à **lui**.
Dans mes bras, dans … … , à … .
Dans tes bras, dans … … , à … .

5 Complète ces noms.

un clou → des clous
un trou → des tr…
un coucou → des couc…
un f… → des fous
un sou → des s…
un kangourou → des k…

6 Complète ces mots.

embrasser → un bras
passer → un p…
lasser → être l…
entasser → un t…
un matelassier → un m…
cadenasser → un c…

20 réponses à trouver,
20 points à gagner !

Corrigé p. 159

5 fiche d'observation

Lettre pour grand-père

Françoise écrit à son grand-père.
– Voyons, lui dit sa maman. Pourquoi écris-tu si gros ?
– Mais, maman, tu sais bien que grand-père est sourd…

1 Trouve l'infinitif de ces trois verbes qui sont dans le texte ci-dessus.

écrit - dit - sais.

2 Complète ces phrases.

Françoise écrit à son grand-père.
Tu … à … grand-père.
Elles … à … grand-père.

3 Complète ces mots.

voyons → voir
balayer → un bal…
je croyais → cr…re
joyeux → la j…e
royaume → le r…
employer → un empl…

4 Écris le féminin des adjectifs suivants.

gros, grand, lourd, bas, sourd.

5 Observe bien le ç du mot Françoise, puis regarde les groupes de lettres ci-dessous. Avant quels groupes de lettres dois-tu écrire ç (c avec une cédille) si tu veux marquer le son « sss » ?

-o -oi -io -eu
-on -ou -in -oin

20 réponses à trouver,
20 points à gagner !

Corrigé p. 159

6 fiche d'observation

Les poissons dorment-ils ?

Les poissons sont comme tous les animaux : ils ne peuvent pas se passer de sommeil. Si on les empêche de dormir, ils meurent. Mais le poisson, lui, dort les yeux ouverts car il n'a pas de paupières.

1 Relie le verbe conjugué à son infinitif.

il va	savoir
on sait	devoir
elle veut	aller
je dois	vouloir

2 Il les empêche de dormir peut se dessiner :

Sur ce modèle, écris les phrases qui correspondent aux dessins suivants :

Ils l'… … … .

Ils … … … … .

Il … … … … .

3 Parmi ces mots, il y en a certains qui contiennent le son « sss » quand on les prononce. Écris-les.

poisson, caser, ruse, dessert, poser, poison, coussin, basse, désert, possible, cousin, base.

4 Il manque une lettre à ces verbes. C'est toujours la même. Trouve cette lettre, puis écris les verbes.

cou…ir, gué…ir, fleu…ir.

5 Complète ces noms.

un animal → des animaux
un journal → des journ…
un can… → des canaux
un chev… → des chevaux
un bocal → des boc…
un sign… → des signaux

20 réponses à trouver,
20 points à gagner !

7 fiche d'observation

Un match pas comme les autres

Le numéro de cirque le plus curieux du monde a sans doute été présenté par un cirque de Berlin : six vaches dressées jouaient au football !

1 Lis le texte ci-dessus, puis réponds à ces deux questions.

Qui est-ce *qui est* « dressées » ?
Qui est-ce *qui* « jouaient » ?

2 Écris ces noms au pluriel.

un numéro, une auto, un vélo, un piano, un bravo.

3 Trace les flèches qui montrent comment on prononce le mot six dans chacune des expressions suivantes.

six vaches →	Je prononce « si ».
six enfants	Je prononce « sizzz ».
six numéros	Je prononce « sisss ».
Il y en a six.	
six élèves	

4 Complète les phrases suivantes par au ou par aux.

Ils jouent … football.
Elles jouent … quilles.
Je joue … billes.
On joue … ballon.

5 Choisis la bonne syllabe pour terminer les mots de gauche.

Ex. : le cirque.

le cir- →	-que
une gla-	
une bar-	-ce
une far-	
une bri-	

6 En changeant une lettre de place dans le mot CRIQUE, tu retrouveras un mot du texte qui est en haut de cette page.

20 réponses à trouver,
20 points à gagner !

8 fiche d'observation

À l'école

Les élèves examinent aujourd'hui des diapositives. Le directeur demande à un étourdi :
– Auguste, sais-tu pourquoi les maisons sont construites en bois, à la montagne ?
– Bien sûr, m'sieur ! C'est parce qu'on a eu besoin des pierres pour construire les montagnes.

1 Relie les mots à leur définition.

H	U	E	•	• Participe passé du verbe avoir.
E	U		•	• Voyelle.
E	U	X	•	• Se dit pour faire avancer un cheval.
	U		•	• Ils sont plusieurs.

2 Un des mots écrits dans les cases de l'exercice 1 ne se prononce pas du tout comme les autres. Lequel ?

3 Complète ces phrases.

Les maisons sont construites.	L'immeuble … … .
La maison … … .	Les immeubles … … .

4 Complète en écrivant les questions à la forme affirmative, sans changer la personne.

Ex. : **Sais-tu** pourquoi ? Oui, **tu sais** pourquoi.

Le sais-tu ? Oui, tu le … .	Es-tu venu ? Oui, … … … .
Le sait-il ? Oui, … … … .	Est-elle partie ? Oui, … … … .

5 Écris le féminin des noms suivants.

directeur, instituteur, spectateur, acteur, auditeur, moniteur.

6 Quels sont les deux verbes qu'on doit enlever pour que tous les autres se terminent de la même façon ?

construire	luire	s'enfuir
conduire	fuir	cuire
détruire	instruire	

20 réponses à trouver,
20 points à gagner !

9 fiche d'observation

Sur un fil

Un oiseau est perché sur un fil téléphonique.
Tout à coup, il se met à sautiller sur place en riant.
– Tu es malade ? lui demande un autre oiseau.
– Non ! C'est un message qui me chatouille.

1 Le verbe sautiller est de la famille de :

a. sot b. seau c. saut

2 Observe bien : Il se met à *quoi faire* ? à sautiller.
Il a sautillé.

En t'aidant de ces deux modèles, complète les phrases par chanter ou chanté.

Il se met à … .
Elle a … .
Nous n'avons pas … .
Les oiseaux se mettent à … .

3 Complète par fil, fils ou file.

Cet homme a trois garçons : ce sont ses … .
Une longue … de voitures forme un embouteillage.
Cette broderie est faite de … de toutes les couleurs.
Il déroule un … électrique.

4 Complète.

rire → en riant
sautiller → … …
… → en prenant
chatouiller → … …
demander → … …

5 Avec ces quatre mots, écris-en quatre nouveaux formés avec télé.

commande - vision - siège - copie.

6 Trouve trois mots où le son « fff » s'écrit avec ph, comme dans téléphonique.

20 réponses à trouver,
20 points à gagner !

10 fiche d'observation

Histoire de robots

Nous sommes en l'an 3000. Un robot demande au vendeur du rayon quincaillerie :
– Avez-vous de la tôle ondulée bleue ?
– Oui, bien sûr…
– Eh bien, j'en voudrais deux mètres. Ma femme veut se faire une jupe plissée.

1 Complète les phrases.

Une jupe plissée est une jupe qui a des pl… .
Pour faire un pli avec une feuille de papier, il faut la pl… .

2 Parmi tous ces objets, quels sont ceux qui peuvent s'acheter au rayon quincaillerie ?

une pince, des tenailles, une pièce de tissu, un poireau, un marteau, un gâteau, des clous, des vis, un pot de confiture, une scie, du thé.

3 Quel mot est de la famille de vendeur ?

vent - vendre - venger.

Quel mot est de la famille de défenseur ?

dépenser - défoncer - défendre.

Quel mot est de la famille d'inspecteur ?

inspecter - insecte - sec.

4 Dans quels mots peux-tu lire ond ?

onde	poudre	inondation	donner
nord	pardon	ondulé	ondulation

5 Voici trois mots : redemande, revendeur, refaire.
Si on enlève la même syllabe à chacun de ces trois mots, on trouve trois mots qui sont dans le texte du haut de cette page. Écris-les.

6 En changeant la première lettre du mot tôle, on peut obtenir deux nouveaux mots. Lesquels ?

20 réponses à trouver, 20 points à gagner !

Règles d'orthographe

• Les règles sont regroupées sous cinq rubriques :
- les notions de base,
- l'orthographe d'usage,
- les homophones grammaticaux,
- les accords en genre et en nombre,
- les formes verbales.

Le professeur les fera étudier dans l'ordre qui correspond aux besoins de sa classe. Il pourra également suivre la progression proposée page 4.

• Un renvoi à la page des corrigés indique que l'exercice peut être autocorrectif. C'est le cas en début de leçon, les autres exercices pouvant être utilisés pour des contrôles.

• Pour permettre de calculer facilement une note, les exercices sont prévus avec cinq, dix ou vingt réponses.

1 le groupe du nom

Notions de base

Observe

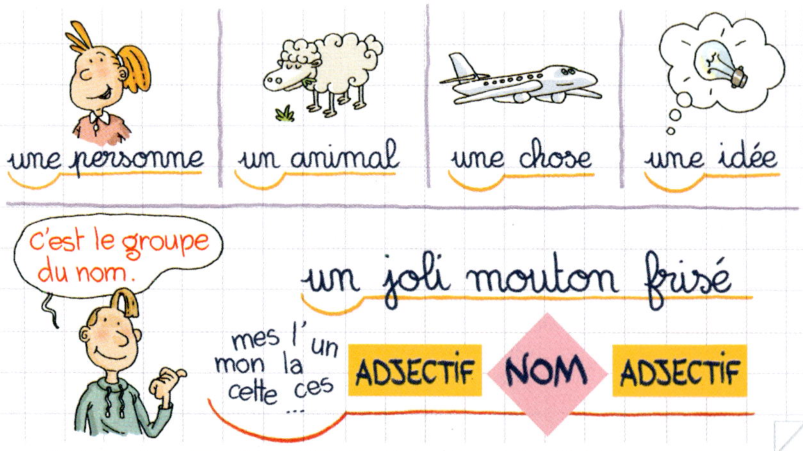

Retiens

- Le groupe du nom est formé d'un nom, précédé d'un petit mot (*un, une, le, la, les, des, mon, ma, mes…*).
- Le nom peut être accompagné d'un adjectif qualificatif (*un joli mouton*) ou de deux adjectifs qualificatifs (*un joli mouton frisé*).

1 Trace des flèches pour former des groupes du nom.

le	feuille	ces	vestiaire
un	promesses	le	récoltes
ses	nageur	un	exercice
une	béquille		logement

Corrigé p. 159 Réussite : /10

2 Trace le dessin du groupe du nom sous chaque groupe du nom.

Ex. : Je colorie un dessin.

Il est allé à la boucherie. • J'ai acheté des casseroles. • C'est un secret. • Sur le toit, il y a des tuiles. • Veux-tu du sirop dans ta limonade ? • Cette automobile est réparée. • Mon chien a des puces.

Corrigé p. 165 Réussite : /10

3 **Classe ces groupes du nom en 4 groupes suivant qu'ils représentent une personne, un animal, une chose ou une idée.**

une allumette, un gendarme, une actrice, un aspirateur, la liberté, un faisan, un défaut, un parapluie, une brebis, un juge.

Corrigé p. 168 Réussite : /10

4 **Trace le dessin du groupe du nom sous chaque groupe du nom.**

L'âne aime l'avoine. • Il a fait une longue sieste. • J'ai regardé la télévision. • Il pose toujours des questions. • Cet élève a perdu son bonnet. • As-tu fermé les volets ? • Cet artisan fabrique de belles poteries.

Réussite : /10

5 **Classe ces groupes du nom en 4 groupes suivant qu'ils représentent une personne, un animal, une chose ou une idée.**

un veau, une qualité, une hirondelle, un étranger, une souris, une pancarte, une guitare, la saleté, la propriété, un médecin, la colère, un buisson, un arbitre, un couvercle, un étudiant, la fièvre, un danseur, un agneau, un bocal, un lézard.

Réussite : /10

6 **Dans la liste suivante, relève les mots qui sont des noms, en leur ajoutant un, une ou des, suivant les cas.**

offrir, yeux, manivelle, gravir, prêtres, lourd, étage, poussette, lentement, pousser, clé, chez, médaille, étroit, virage, triste, écran, jambon, apercevoir.

Réussite : /10

7 **Parmi ces petits mots, il y en a dix qui peuvent se trouver au début du groupe du nom. Écris-les en ajoutant un nom.**

Ex. : ma → ma **grand-mère**.

mon, votre, si, je, l', cette, lui, nos, avec, par, leur, ce, tu, dans, son, pour, sous, ces, en, vous, sont, les.

Réussite : /10

8 **Écris les groupes du nom.**

Je préfère les haricots verts plutôt que les petits pois. • La vieille dame se repose dans sa chaise longue. • Mets ton tricot vert qui a des manches courtes. • C'est le onzième joueur de l'équipe. • On a admiré la beauté de ces meubles anciens.

Réussite : /10

2 le pronom

Notions de base

Observe

Retiens

- Le pronom est un mot qui remplace un groupe du nom. Il faut toujours penser au nom qu'il représente. Dans la phrase *Elle le mène à l'école*, **elle** remplace *Sophie* et **le** remplace *son frère*.

9 Remplace chaque groupe du nom en *italique* par un pronom.

Ex. : *Le chien* aboie. → **Il** aboie.

Les pompiers sont venus. • *La vallée* disparaît dans la brume. • *Ces étoffes* coûtent cher. • *Ta manivelle* n'a pas servi. • *Vos factures* sont prêtes. • *Cette tranche de viande* est épaisse. • *Les drapeaux* flottaient au vent. • *Ses chaussettes* sont usées. • *Une avalanche* bloque la route. • *Les fleurs* sentent bon.

Corrigé p. 159 Réussite : /10

10 Écris toutes les phrases possibles en remplaçant les pronoms en *italique* par les noms sur fond bleu qui conviennent.

Ex. : *Il* conduit la voiture. → **Le chauffeur** conduit la voiture.

Il conduit la voiture.

Elle pilote l'avion.

Ils lavent la vaisselle.

Elles font le ménage.

le chauffeur, les gendarmes, les infirmières, les apprentis, la fillette, le pompier, le vendeur, les filles, ma sœur, les garçons, sa mère.

Corrigé p. 165 Réussite : /10

11 **Entoure chaque pronom.**

Ex. : (Il) joue au ballon.

Ils sont couverts de boue. • Elle dormait tranquillement. • Tu peux avoir confiance. • Nous sommes arrivés. • On nagera longtemps. • Ils ouvrent le portail puis ils le referment. • Prends cette lettre et va la poster. • Elles ont peur.

Corrigé p. 168 Réussite : /10

12 **Remplace chaque groupe du nom en *italique* par un pronom.**

Mon foulard me tient chaud. • *Les tonneaux* sont pleins. • *La tente* est montée. • *La fanfare* défile. • *Ma sœur* a acheté des œufs. • *Ces émissions* sont très intéressantes. • *Les invités* chantaient. • *Le troupeau* revient dans la plaine. • *L'assassin* a été arrêté. • *Ces cerises* sont mûres. Réussite : /10

13 **Pour chaque mot ou groupe de mots en *italique*, souligne le groupe du nom ou entoure le pronom.**

Ex. : *Elle* aime *les abricots*. → (Elle) aime les abricots.

Il soulève *la valise* et *la* pose sur *un rayon*. • *Elle* cueille *des fraises* et *les* mange avec *du sucre*. • *On* entre dans *la grotte* pour *la* visiter. • *Cette coiffure* est réussie. • *Il* a rangé *les clous* dans *la boîte*. • Apporte-*la* tout de suite. • *Les arbres* perdent *leurs feuilles* et *on les* ramasse. Réussite : /10

14 **Écris cinq phrases en remplaçant les pronoms en gras par un groupe du nom de ton choix.**

Ex. : Elle **la** mène à l'école. → Elle mène **sa fille** à l'école.

L'infirmière est venue **le** soigner. • Les voyageurs **l'**attendent sur le quai. • Les joueurs **les** rangeront au vestiaire après le match. • Cet insecticide **les** tuera rapidement. • Pense à **lui** demander une facture. Réussite : /10

15 **Dictée.**

Julien est heureux d'aller dans la même école que sa grande sœur. Il est très fier, car cette année, il entre au CP et il va apprendre à lire. Il serre la main de Sophie qui le conduit jusqu'à la porte de sa classe. Elle l'embrasse et lui dit : « Travaille bien, champion ! ».

3 l'adjectif et le verbe

Notions de base

Observe

Retiens

Les adjectifs et les verbes changent d'orthographe suivant les mots qui les entourent. Les lettres qu'on ajoute ne sont pas les mêmes :

- l'adjectif peut porter la lettre e qui marque le féminin et la lettre s qui marque le pluriel : ex. : *noir, noire, noirs, noires* ;
- le verbe porte les terminaisons de la conjugaison.

16 **Classe les mots suivants en deux groupes : un groupe d'adjectifs et un groupe de verbes.**

dangereux, bossu, comprendre, tricolore, enlever, mou, quitter, soigneux, grogner, trouver.

Corrigé p. 159 Réussite : /10

17 **Relève les adjectifs dans les phrases suivantes.**

Ex. : Les merles ont le bec jaune. → **jaune**.

Je ne me souviens plus si elle est blonde ou brune. • On est vraiment courageux ! • Connaissez-vous ce monsieur chauve ? • Je suis très curieux. • Je crois que c'est inutile. • On va à l'école primaire. • Un moteur puissant rend cette voiture agréable à conduire. • Mes parents m'ont offert un jeu instructif.

Corrigé p. 165 Réussite : /10

18 **Relève les verbes dans les phrases suivantes.**

Ex. : Comme elle chante faux ! → **chante** (chanter).

J'oublie toujours ce livre. • On mesura la cour. • Il remplit le réservoir. • On n'avançait pas très vite. • Le voleur avoua. • Je souhaite que vous pesiez cette lettre. • N'ouvre pas la fenêtre ! • Elle ralentit dans les virages. • Rougit-il beaucoup ?

Corrigé p. 168 Réussite : /10

19 **Classe les mots suivants en deux groupes : un groupe d'adjectifs et un groupe de verbes.**

circuler, pleuvoir, blanc, vouloir, ajouter, grand, tranquille, mordre, mauvais, nouveau, présenter, noter, long, polisson, passer, lourd, injuste, partir, regarder, maigre.

Réussite : /10

20 **Pour chaque verbe, trouve l'adjectif correspondant sur fond bleu.**

Ex. : s'affaiblir → **faible.**

libérer	se piquer	pâle	souriant
sourire	mentir	jaune	calme
pâlir	distraire	menteur	central
jaunir	admirer	libre	piquant
centrer	calmer	admirable	distrait

Réussite : /10

21 **Même consigne.**

aimer	rajeunir	noir	soigneux
maigrir	glisser	aimable	maigre
éclairer	se fatiguer	instructif	clair
instruire	grossir	fatigant	gros
noircir	soigner	glissant	jeune

Réussite : /10

22 **Dictée.**

Le petit chat saute sur la table basse et découvre le gros bocal de poissons rouges. À travers la vitre ronde, les poissons semblent si énormes qu'il recule et tombe sur le tapis, les quatre pattes en l'air ! Il se redresse et court vers sa mère, comme s'il avait vu des monstres terribles.

4 la négation

Notions de base

Observe

Non, je ne veux pas !
Je n' enlève pas mes lunettes.

P'TIT NON

Oui, je veux bien !
J' enlève mes lunettes.

P'TIT OUI

Retiens

- La négation est formée de deux mots :
  - le 1er mot est avant le verbe : *ne* ou *n'* (avant une voyelle) ;
  - le 2e mot est après le verbe : *pas, plus, rien, jamais, que, point...*
- Remarque : si le verbe est à un temps composé, la négation encadre l'auxiliaire (*Je n'ai pas enlevé mes lunettes*).

23 Voici des phrases de « P'tit Non ». Fais-les dire à « P'tit Oui ».

Ex. : P'tit Non : – Il ne mange pas.
P'tit Oui : – Il mange.

Paul n'a pas gagné. • Il ne courbait pas la tête. • Christine ne voyait plus la mer. • On n'a pas obtenu ce qu'on voulait. • Il ne vérifia pas les freins. • On n'entre plus. • Il ne suçait plus son pouce. • Il ne m'a pas invité. • Papa ne le console pas. • Elle ne désobéit jamais.

Corrigé p. 159 Réussite : /10

24 Même consigne.

Son frère n'arrivait pas à grimper aux arbres. • Les fraises ne sont pas mûres. • On ne le délivrera plus. • Il ne frappe jamais ses camarades. • Les gens n'utilisaient pas l'eau de la fontaine. • Il n'a pas dépensé son argent. • Elle n'habite plus à Paris. • Ce chien n'a jamais rapporté la balle. • Cet insecte ne pique pas. • N'a-t-il pas faim ?

Réussite : /10

5 l'interrogation

Observe

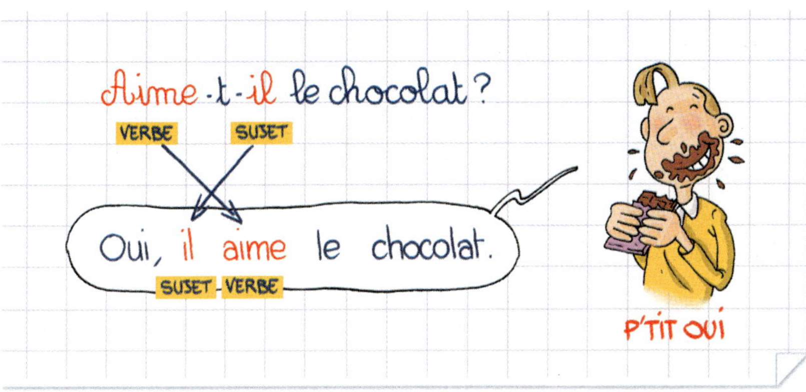

Retiens

- Une phrase interrogative exprime une question. Le sujet peut être placé après le verbe. Il faut toujours chercher la phrase simple qui correspond : *Aime-t-il ?* correspond à *il aime.*

25 Ces phrases posent des questions. Fais-les dire à « P'tit Oui ».

Ex. : – Aimes-tu les crêpes ?

P'tit Oui : – Tu aimes les crêpes.

As-tu des allumettes ? • Avait-elle des frères et sœurs ? • Partirons-nous très tôt, demain matin ? • Êtes-vous prêts ? • Peut-on faire quelque chose ? • S'est-il envolé avec sa proie ? • A-t-il perdu son chemin ? • Le trouvez-vous joli ? • Habitez-vous dans une grande ville ? • Sera-t-elle dangereuse ?

Corrigé p. 159 Réussite : /10

26 Même consigne.

Crois-tu qu'elle pourra venir ? • Avez-vous une guitare ? • Désires-tu vraiment qu'elle parte ? • Arrivera-t-il avant la nuit ? • Allons-nous revenir l'année prochaine ? • Ira-t-elle à l'école demain ? • Attendez-vous quelqu'un ? • A-t-elle pensé à acheter du lait ? • Ont-ils eu raison ? • Pendant les vacances, as-tu écrit à grand-mère ?

Réussite : /10

6 s / ss

Orthographe d'usage

Observe

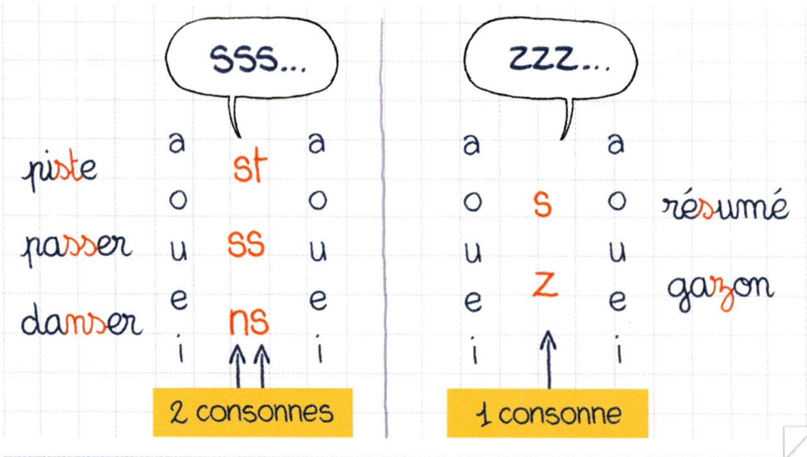

Retiens

- Le son « s » s'écrit avec **deux s** quand il est entre deux voyelles.
- Le son « z » s'écrit très souvent avec la lettre **s** et parfois avec la lettre **z**. En début de mot, le son « z » s'écrit toujours avec un **z**.

27 **Prononce ces mots, puis complète par s ou ss.**

Ex. : un fri…on → un fri**ss**on.

la rai…on, dé…obéir, une gli…ade, tou…er, creu…er, le troi…ième, le repa…age, la riche…e, une gro…eille, un ré…umé.

Corrigé p. 160 Réussite : /10

28 **Même consigne.**

la li…ière, dépa…er, une émi…ion, une ca…erole, la tendre…e, enta…er, la conjugai…on, une ceri…e, la jeune…e, une po…ition.

Réussite : /10

29 **Complète par s ou ss pour marquer le son « sss ».**

des chau…ettes, la traver…ée, s'empre…er de répondre, la gro…eur, une pen…ion de famille, une cui…e de poulet, con…ulter un dictionnaire, la polite…e, la triste…e, bien de…iner.

Réussite : /10

7 g / gu ; c / qu

Observe

un gant — ga
une gomme — go
la figure — gu — gue — une bague
gui — une guitare

une cabane — ça
un couteau — co
curieux — cu — que — une barque
qui — quitter

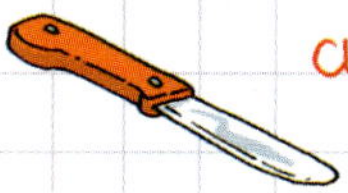

Retiens

- g avant a, o, u correspond au son « g » de *gant*.
  On écrit gu avant e et i pour garder le son « g » : *une bague, une guitare*.
- c avant a, o, u correspond au son « k » de *cabane*.
  On écrit qu avant e et i pour garder le son « k » : *une barque, quitter.*

30 Complète par g ou gu.

Ex. : un …ide → un **gu**ide.

une ba…e, une …irlande, un wa…on, obli…atoire, navi…er, la …erre, un ba…age, fati…é, ru…eux, une ri…ole.

Corrigé p. 160 Réussite : /10

31 Complète par c ou qu.

Ex. : la …uisine → la **c**uisine.

un bo…al, compli…é, cro…er, un …abinet, le par…et, une é…ipe, une ci…atrice, un dé…oupage, un re…in, l'édu…ation.

Corrigé p. 165 Réussite : /10

32 Complète par g ou gu, c ou qu.

Ex. : l'é…ilibre → l'é**qu**ilibre.

une bé…ille, une bla…e, distin…er, le lan…age, un cra…ement, un flo…on, un dé…isement, dé…ager, au…un, …ider.

Réussite : /10

8 g / ge ; c / ç

Orthographe d'usage

Observe

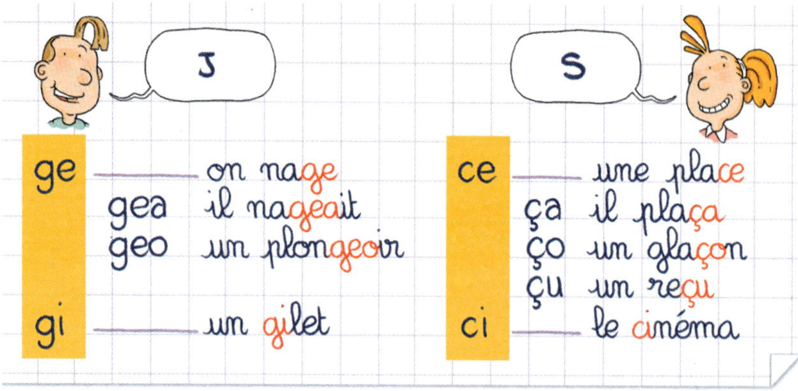

Retiens

- On écrit **ge** avant **a**, **o**, **u** pour que la lettre **g** ait le son « j » : *il nageait, un plongeoir.*
- On écrit **ç** avant **a**, **o**, **u** pour que la lettre **c** ait le son « s » : *il plaça, un glaçon, un reçu.*

33 Complète par g ou ge.

un pi…on, coura…eux, il bou…ait, fra…ile, un villa…ois, un ju…ement, une man…oire, rou…âtre, rou…ir, de l'oran…ade.

Corrigé p. 160 Réussite : /10

34 Même consigne.

la lar…eur, nous ran…ons, un gara…iste, on déga…a, char…er, il char…a, ur…ent, une bou…ie, une gran…e, un bour…on.

Réussite : /10

35 Complète par c ou ç.

un commer…ant, prin…ipal, il lan…ait, dénon…er, un méde…in, une …igale, vous rin…erez, une balan…oire, un commer…e, su…er.

Corrigé p. 165 Réussite : /10

36 Même consigne.

un gar…on, mer…i, une fa…ade, la dou…eur, rin…er, avan…ons, avan…ez, une le…on, fran…ais, un colima…on.

Réussite : /10

9 ail, eil, euil, ouil / aill, eill, euill, ouill

Orthographe d'usage

Observe

une méd**aill**e (a) aill _ | (a) ail un port**ail**
une bout**eill**e (è) eill _ | (è) eil le sol**eil**
le f**euill**age (eu) euill _ | (eu) euil un faut**euil**
il se m**ouill**e (ou) ouill _ | (ou) ouil le fen**ouil**

À la fin du mot, au masculin.

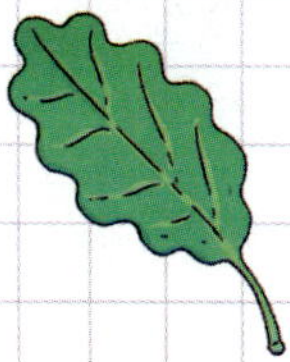

une NOM

je
il... VERBE

un NOM

Retiens

- **ail**, **eil**, **euil**, **ouil** se trouvent seulement à la fin d'un nom masculin.
- **aill**, **eill**, **euill**, **ouill** se rencontrent dans des noms féminins (*une médaille*), à l'intérieur d'un mot (*le feuillage*) ou dans des verbes (*il se mouille*).

37 Écris ces mots en ajoutant un ou une.

Ex. : détail → **un** détail.

réveil, oreille, écaille, grenouille, feuille, orteil, médaille, chevreuil, bouteille, portail. Corrigé p. 160 Réussite : /10

38 Complète par ail ou aille, eil ou eille, euil ou euille.

Ex. : une trouv... → une trouv**aille**.

le bét..., le somm..., la vol..., une corb..., un écur..., de la ferr..., un évent..., une bat..., un faut..., un appar... . Réussite : /10

39 Complète par il, ille, illes ou illent.

une abe..., un bouvreu..., elle se réve..., ils se mou..., le trava..., une grose..., tu trava..., un épouvanta..., il rou..., une merve... .

Réussite : /10

10 oy, ay, uy

Orthographe d'usage

Observe

il aboie (oi) (ié)
aboyer oyer

un balai (ai) (ié)
balayer ayer

il s'appuie (ui) (ié)
s'appuyer uyer

Retiens

- Les écritures **oy**, **ay**, **uy** correspondent à **oi** + **i**, **ai** + **i**, **ui** + **i**.
- On trouve souvent un mot avec **oi**, **ai** ou **ui** dans la famille des mots s'écrivant avec **oy**, **ay**, **uy** : *aboyer, il aboie ; balayer, un balai ; s'appuyer, il s'appuie*.

40 **Complète par ay, oy ou uy à gauche et par ai, oi ou ui à droite.**

Ex : envo**y**er → un env**oi**.

aboyer	→	il ab…e	bruyant	→	du br…t
un cr…on	→	une craie	une v…elle	→	la voix
joyeux	→	la j…e	s'ess…er	→	il s'essuie
enn…eux	→	un ennui	renvoyer	→	un renv…
essayer	→	un ess…	p…er	→	un paiement

Corrigé p. 160 Réussite : /10

41 **Même consigne.**

s'appuyer	→	un app…	nous cr…ons	→	croire
un voyage	→	la v…e	empl…er	→	un emploi
le r…aume	→	le roi	un fuyard	→	la f…te
le nett…age	→	je nettoie	un n…er	→	une noix
un rayon	→	une r…e	soyeux	→	de la s…e

Réussite : /10

11 accent aigu / accent grave

Orthographe d'usage

Observe

Retiens

- Sur la lettre **e**, les accents servent à marquer la prononciation.
- Il y a l'accent aigu (**é**) de *métier* et l'accent grave (**è**) de *mètre*. Ils sont toujours placés à la fin d'une syllabe : *mé-tier, mè-tre*.
- La lettre **e** n'a pas d'accent et se lit comme **è** quand elle est à l'intérieur d'une syllabe : *mer-le*.

42 **Complète par é ou è.**

un centim…tre, il est m…chant, ob…ir, le pr…sident, en col…re, le cinqui…me, un l…zard, de la fi…vre, malgr…, du m…tal.

Corrigé p. 160 Réussite : /10

43 **Écris ces mots en attachant les syllabes et en remettant les accents aigus ou graves qui manquent.**

la di-rec-tion, la guer-re, re-pe-ter, ge-ne-reux, un ber-ceau, des lu-net-tes, une me-che, la che-vre, un cer-cle, un po-e-me.

Réussite : /10

44 **Même consigne.**

une e-pi-de-mie, une ins-pec-tion, la li-ber-te, un pe-ta-le, le dou-zie-me, une pro-pri-e-te, un fes-ti-val, une me-na-ge-re, le-ger, la per-fec-tion.

Réussite : /10

12 l'accent circonflexe

Orthographe d'usage

Observe

un château	â	è
une fête	ê	une bête
le dîner	î	une bestiole
un rôti	ô	
une bûche	û	

Retiens

- L'accent circonflexe peut se trouver sur toutes les voyelles, sauf **y**.
- Sur la lettre **e**, l'accent circonflexe marque la même prononciation que l'accent grave.
- L'accent circonflexe remplace une lettre disparue, souvent un **s**.

45 Complète par ê ou é.

Ex. : une p…che, une …poque → une p**ê**che, une **é**poque.

une ar…te de poisson, un invit…, un ch…ne, la f…te, une po…sie, inf…rieur, le mouton b…le, elle-m…me, un d…coupage, une cr…pe.

Corrigé p. 160 Réussite : /10

46 Attache les syllabes, puis ajoute les accents circonflexes.

Ex. : se ve-tir → se v**ê**tir.

un pe-cheur, il est te-tu, s'ar-re-ter, un ve-te-ment, une be-ti-se, la fe-ne-tre, des re-ves, la tem-pe-te, un pre-tre, une en-que-te.

Corrigé p. 165 Réussite : /10

47 Ajoute les accents circonflexes qui manquent.

un diner aux chandelles • un visage très pale • le role principal du film • un coté du triangle • une buche au chocolat • une drole d'histoire • une cloison de platre • etre au chomage • se lever tot • un batiment de briques.

Réussite : /10

13 la ponctuation

Orthographe d'usage

Règles

Observe

Il s'arrête un peu, beaucoup.
virgule — point

Il demande :
2 points

– Est-ce que je mets le ton ?
tiret — point d'interrogation

– Bien sûr !
tiret — point d'exclamation

Retiens

- La **virgule** marque une courte pause à l'intérieur d'une phrase. Elle est suivie d'une lettre minuscule.
- Le **point** termine la phrase. Il est suivi d'une lettre majuscule.
  Le **point d'interrogation** indique qu'une question est posée.
  Le **point d'exclamation** indique que l'on s'exclame.
  Les **deux points** annoncent une explication ou un dialogue.
- Dans les dialogues, on met un **tiret** chaque fois qu'une nouvelle personne prend la parole.

48 Remplace chaque rond bleu par un signe de ponctuation.

Aurore allait d'un comptoir à l'autre • Elle appelait :
– Socrate ! Socrate •
• Tu cherches ton chien • lui demanda un vendeur •
• Pas du tout • c'est mon frère • Il a un an • protesta Aurore •

Corrigé p. 160 Réussite : /10

49 Même consigne.

Soudain • un bruit monte de l'horizon • Katsuo l'entend le premier et alerte son ami :
– N'entends-tu pas comme un grondement •
• Oui • Pourvu que ce ne soit pas le volcan •
– Non • je ne crois pas • Écoute •
• On dirait le moteur d'un hélicoptère...

Réussite : /10

14 les liens de parenté

Orthographe d'usage

Observe

familles	séries
galop	chanteur
galoper	coiffeur
galopade	danseur
lourd	situation
lourde	invitation
lourdeur	circulation

Retiens

- Les mots forment des familles ou appartiennent à des séries.
  Ex. : famille de **galop** : *galop, galoper, galopade ;*
  série des noms en **-eur** : *chanteur, coiffeur, danseur…*
- Un mot de la même famille peut aider à comprendre et à retenir l'orthographe d'un autre mot : *lourde* fait entendre le **d muet** de *lourd.*

50 Complète par t ou p.

Ex. : un chanteur, un chan… → un chan**t**.

la montagne, un mon… ; camper, un cam… ; champêtre, un cham… ; tricoter, un trico… ; énervante, énervan… ; galoper, le galo… ; un drapeau, un dra… ; le dentiste, une den… ; délicate, délica… ; glissante, glissan… .

Corrigé p. 160 Réussite : /10

51 Complète par eux ou euse.

un homme courageux, une femme courag… • un objet creux, une assiette cr… • une fillette joyeuse, un enfant joy… • une glace délicieuse, un plat délici… • un animal curieux, une bête curi… • une journée pluvieuse, un temps pluvi… • il est généreux, elle est génér… • une chatte heureuse, un chat heur… • une route dangereuse, un virage danger… • une maladie douloureuse, un mal doulour… .

Corrigé p. 165 Réussite : /10

52 **Complète par t ou d.**

blonde, blon… ; une cliente, un clien… ; une chaudière, c'est chau… ; la marchandise, un marchan… ; lentement, il est len… ; un artiste, l'ar… ; des lardons, du lar… ; étroite, étroi… ; sourde, sour… ; une centaine, cen… . Corrigé p. 168 Réussite : /10

53 **Complète par s ou t.**

basse, ba… ; souhaiter, un souhai… ; épaisse, épai… ; parfaite, parfai… ; stupéfaite, stupéfai… ; tasser, un ta… ; distraite, distrai… ; satisfaite, satisfai… ; mauvaise, mauvai… ; une laiterie, du lai… . Corrigé p. 170 Réussite : /10

54 **Complète par t ou d.**

une loterie, un lo… ; retarder, le retar… ; bondir, un bon… ; une droite, il est droi… ; méchante, méchan… ; lourde, lour… ; transporter, un transpor… ; froide, froi… ; une partie, une par… ; une rondelle, c'est ron… . Réussite : /10

55 **Complète par ai ou a.**

j'**ai**	→	il …	satisf**ait**	→	une satisf…ction
aimable	→	…mour	le contr…re	→	contr**a**rier
la gr…sse	→	le gr**a**s	distr…re	→	une distr**a**ction
une b**ai**sse	→	b…s	la ch…r	→	le ch**a**rcutier
scol**ai**re	→	scol…risé	soustr…re	→	la soustr**a**ction

Réussite : /10

56 **Écris les noms terminés par -ant qui correspondent à ces verbes.**

Ex. : savoir → un savant.

étudier, fortifier, enseigner, débuter, tourner, perdre, suivre, passer, surveiller, gagner. Réussite : /10

57 **Réponds aux questions suivantes.**

Avec quel métal est fabriqué l'argenterie ? • Où travaille un égoutier ? • Qu'étudie le climatologue ? • Que fabrique un gantier ? • Que dessine un portraitiste ? • Que travaille un diamantaire ? • Que fabrique-t-on dans une cimenterie ? • Où peut-on écouter un concerto ? • Que vend-on dans une billetterie ? • Quel fruit donne l'abricotier ? Réussite : /10

15 les nombres

Orthographe d'usage

Observe

Les nombres s'écrivent avec des mots invariables.

Entre 0 et 100, on relie les nombres par et ou par un tiret.

les quatre enfants

ses onze ans

leurs sept chats

cinq mille habitants

21 : vingt et un

22 : vingt - deux

38 : trente-huit

90 : quatre-vingt-dix

Retiens

- Les nombres s'écrivent avec des mots invariables. On relie les nombres inférieurs à cent par **et** ou par un **tiret** (*vingt-deux*).

58 Écris les nombres en lettres.

11, 14, 7, 100, 60, 20, 70, 1 000, 31, 47.

Corrigé p. 160 Réussite : /10

59 Même consigne.

22, 33, 50, 59, 65, 17, 72, 36, 41, 98.

Réussite : /10

60 Complète le tableau.

	-aine	-ième
huit	une huitaine	le huitième
trente	une …	le …
…	une quinzaine	la …
…	une …	la dixième
vingt	une …	le …
douze	une …	la …

Réussite : /10

16 noms féminins en -ée, -ie, -ue

Orthographe d'usage

Observe

une année la rentrée	une série la pluie	une avenue une tortue
une —ée	une —ie	une —ue
sauf: une clé, et les noms en -té (la beauté...)	sauf: la nuit, la fourmi, la brebis, la souris, la perdrix.	sauf: une tribu, la vertu, la bru, la glu.

Retiens

- Les noms féminins terminés par le son « é » s'écrivent **ée** (*une année, la rentrée*), sauf : *une clé* et les noms terminés par *–té*.
- Les noms féminins terminés par le son « i » s'écrivent **ie** (*une série, la pluie*), sauf : *la nuit, la fourmi, la brebis, la souris, la perdrix.*
- Les noms féminins terminés par le son « u » s'écrivent **ue** (*une avenue, une tortue*), sauf : *la tribu, la vertu, la bru, la glu.*

61 **Quels noms en -ée correspondent à ces mots ?**

Ex. : le matin → la matinée.

le soir, la veille, l'an, la bouche, la gorge, il traverse, il arrive, il gèle, il dicte, il rentre. Corrigé p. 160 Réussite : /10

62 **Ces noms se terminent par le son « i ». Complète-les.**

Ex : une galer…, une breb… → une galer**ie**, une breb**is**.

une épidém…, une sér…, une perdr…, une nu…, une imprimer…, une fourm…, l'industr…, une fantais…, une boug…, une sour… .

Réussite : /10

63 **Ces noms se terminent par le son « é » ou par le son « u ». Complète-les.**

une stat…, la ros…, une rev…, une ép…, une aven…, une cl…, une gr…, une étend…, une trib…, une id… . Réussite : /10

17 noms en -eur

Orthographe d'usage

Observe

un chanteur
un danseur

un —eur
MASCULIN

⚠ sauf :
le beurre

la peur
la chaleur

la —eur
FÉMININ

⚠ sauf :
une heure, une demeure

Retiens

• Les noms terminés par le son « eur » s'écrivent **eur** (*un chanteur, un danseur, la peur, la chaleur*), sauf : *le beurre, une heure, une demeure*.

64 Quels adjectifs correspondent à ces noms ?

Ex. : la chaleur → chaud.

la fraîcheur, une rougeur, la rondeur, la lourdeur, l'épaisseur, la laideur, la lenteur, la froideur, la blancheur, la noirceur.

Corrigé p. 160 Réussite : /10

65 Quels noms féminins en -eur correspondent à ces adjectifs ?

Ex. : chaud → la chaleur.

gros, haut, doux, large, profond, grand, long, maigre, mince, pâle.

Corrigé p. 165 Réussite : /10

66 Écris ces noms en ajoutant un ou le, une ou la.

lueur, aspirateur, saveur, boxeur, terreur, distributeur, sœur, chauffeur, beurre, fureur.

Réussite : /10

67 Complète ces noms par eur ou eure.

une demi-h…, la doul…, la vap…, une od…, un lect…, une dem…, la val…, le bonh…, une liqu…, l'horr… .

Réussite : /10

18 noms féminins en -té

Orthographe d'usage

Observe

beau solide

la beauté la solidité

la ___té

⚠ sauf :

une dictée, une montée, une portée, une jetée …

Retiens

- Les noms féminins terminés par le son « té » s'écrivent **té**.
- Mais on écrit *une dictée, une montée, une portée, une jetée*, comme *une journée, une soirée, une allée*.

68 Quels noms féminins en -té obtient-on à partir de ces adjectifs ?

Ex. : beau → la beauté.

utile, l'utili… ; propre, la … ; obscur, l' … ; fier, la … ; bon, la … ; pauvre, la … ; sale, la … ; nouveau, la … ; rapide, la … ; facile, la … .

Corrigé p. 160 Réussite : /10

69 Trouve les adjectifs qui correspondent à ces noms en -té.

Ex. : la curiosité → curieux.

la méchanceté, l'égalité, l'immobilité, la solidité, la simplicité, la liberté, l'infirmité, la réalité, la clarté, la légèreté.

Corrigé p. 165 Réussite : /10

70 Complète par té ou tée.

Il y a un kilomètre de mon… . • Elle a de la volon… . • On a fait une dic… . • La proprié… est fermée. • Sa plus grande quali… est la franchise. • Il n'aime pas la publici… . • On s'est promené sur la je… . • Il y a six chatons dans la por… . • On a acheté une quanti… de clous ! • Quelle brutali… !

Réussite : /10

19 noms féminins en -tion

Orthographe d'usage

Observe

une action

l'aviation

la —— tion

⚠ sauf :

la passion, une discussion, une mission, une profession…

Retiens

- De nombreux noms se terminent par **-tion** (*une action, l'aviation, une addition*), sauf *la passion, une discussion* et les mots terminés par **-mission** (*une commission*) et **-ession** (*une profession*).

71 Écris les noms terminés par -ation correspondant à ces verbes.

Ex. : représenter → une représentation.

préparer, situer, inviter, ponctuer, informer, circuler, déclarer, respirer, admirer, imaginer. Corrigé p. 160 Réussite : /10

72 Écris les noms terminés par -tion correspondant à ces verbes.

Ex. : définir → une définition.

disposer, distribuer, inspecter, apparaître, protéger, composer, produire, réduire, diriger, éduquer. Réussite : /10

73 Complète par tion ou ssion.

Ex. : changer de direc… → changer de direc**tion**.

donner sa démi… ; faire une soustrac… ; écouter une émi… de radio ; une cour de récréa… ; changer de profe… ; demander la permi… ; faire une puni… ; des fruits de la pa… ; retenir sa respira… ; faire très atten… . Réussite : /10

20 noms en -ère, -ière, -aire

Orthographe d'usage

Observe

le boulanger	la boulangère	le commissaire
un ——— er	une ——— ère	le commissariat
le pâtissier	la pâtissière	——— aire
un ——— ier	une ——— ière	——— a —

Retiens

- De nombreux noms se terminent par -er, -ier, -ère et -ière. On trouve des noms masculins et leur féminin : *boulanger, boulangère ; pâtissier, pâtissière*.
- Les noms terminés par -aire ont souvent un mot contenant le son « a » dans leur famille : *commissaire, commissariat*.

74 **Observe bien les mots de gauche puis complète ceux de droite par ère ou aire.**

Ex. : le secrétariat → une secrétaire.

caractéristique	→ un caract…	la popularité	→ popul…
contrarier	→ le contr…	poussiéreux	→ la poussi…
grammatical	→ la gramm…	la solidarité	→ solid…
coléreux	→ la col…	la scolarité	→ scol…
un salarié	→ un sal…	un écolier	→ une écoli…

Corrigé p. 160 Réussite : /10

75 **Voici des noms de métiers au masculin. Écris le féminin, lorsque c'est possible.**

un charcutier, un cuisinier, un charpentier, un crémier, un épicier, un menuisier, un policier, un boulanger, un bijoutier, un berger, un cantonnier, un infirmier, un boucher, un fermier, un pompier.

Réussite : /10

21 mots en -onne / -ine

Orthographe d'usage

Observe

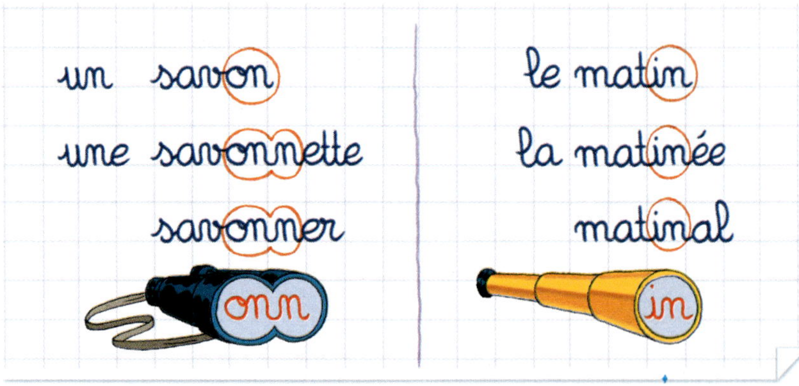

Retiens

- La plupart des mots qui ont le son « onne » s'écrivent avec **deux n**. Beaucoup correspondent à un mot terminé par **-on** : *savonnette, savon.*
- La plupart des mots qui ont le son « in » s'écrivent avec **un seul n**. Beaucoup correspondent à un mot terminé par **-in** : *matinée, matin.*

76 Trouve les noms en -on ou en -in contenus dans ces mots.

Ex : crayonner → un crayon.

une camionnette, une chansonnette, du vinaigre, raisonnable, la médecine, un citronnier, une orpheline, un questionnaire, masculine, tamponner.

Corrigé p. 160 Réussite : /10

77 Écris les verbes en -onner ou en -iner correspondant à ces noms.

Ex. : une question → questionner.

un chagrin, une façon, un frisson, une station, un dessin, un bouton, un vaccin, le pardon, un patin, un chemin.

Corrigé p. 166 Réussite : /10

78 Écris le féminin des mots suivants.

Ex : mon cousin → ma cousine.

un lion, un voisin, le champion, un espion, féminin, mignon, un lapin, polisson, un bassin, coquin. Réussite : /10

22 la lettre s

Orthographe d'usage

Observe

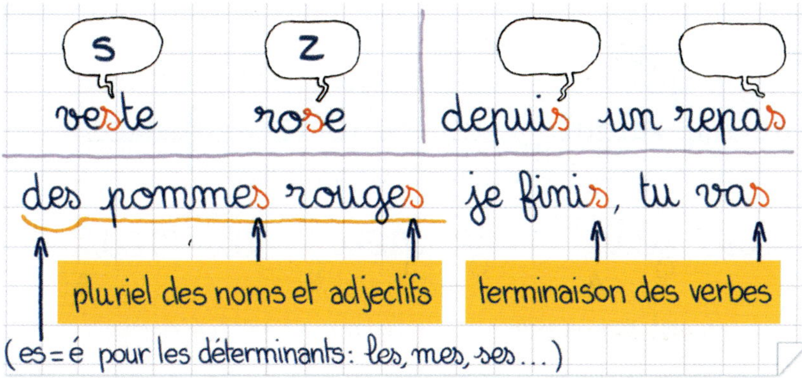

Retiens

- La lettre s peut représenter les sons « s » ou « z » (*sucre, veste, rose*).
- Elle peut marquer le pluriel des noms et des adjectifs (*des pommes rouges*). Elle est aussi utilisée dans la conjugaison (*je finis, tu vas*).
- Certains mots se terminent toujours par un s muet (*depuis, un repas*).

79 Écris seulement les mots où la lettre s correspond au son « z ».

un cuisinier, bonsoir, le persil, avoir raison, une berceuse, une consonne, un menuisier, une averse, un artisan, un rasoir, une casquette, un masque, une exposition, des groseilles, un musée, un garagiste, de l'osier.

Corrigé p. 161 Réussite : /10

80 Souligne les s qui se prononcent.

Ex. : un cactus, le repas → un cactu**s**, le repas.

le corps, mon fils, le lilas, un ours, un compas, hélas, un radis, un as, un palais, un os, début mars, un tournevis, une brebis, un virus, un matelas, le maïs, l'autobus.

Réussite : /10

81 Dans quels mots *en italique* la lettre s marque-t-elle le pluriel ?

Les *enfants* sont *dehors*. • *Elles* font les *vendanges*. • *Ils* n'en peuvent *plus*. • Tu *joues* aux *cartes*. • Les *clubs* de *loisirs* seront *ouverts* dès le *printemps*. • Les *épinards* sont *cuits*.

Réussite : /10

23 la lettre x

Orthographe d'usage

Observe

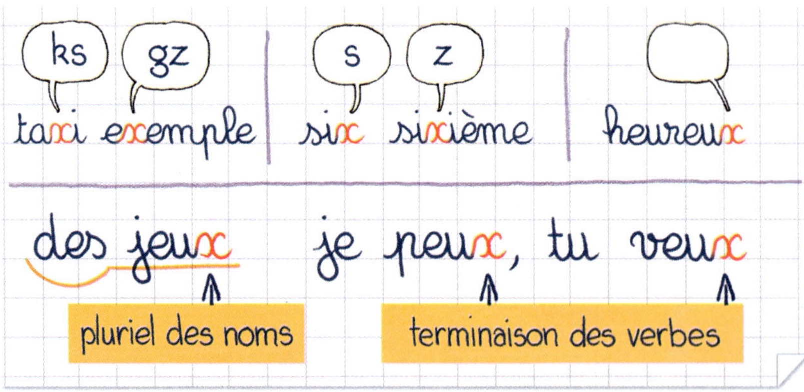

Retiens

- La lettre **x** peut représenter les sons « ks » (*taxi*), « gz » (*exemple*), « s » (*six*) ou « z » (*sixième*).
- Elle peut marquer le pluriel des noms (*des jeux*). Elle est aussi utilisée dans la conjugaison (*je peux, tu veux*).
- Certains mots se terminent toujours par un **x** muet (*heureux*).

82 **Quels mots terminés par x peux-tu écrire à partir de ces mots ?**

Ex. : croiser → une croi**x**.

choisir, creuser, douce, tousser, le deuxième, rousse, fausse, une dizaine, la curiosité, une noisette. Corrigé p. 161 Réussite : /10

83 **Écris les mots où la lettre x se prononce.**

un taxi, la paix, un examen, une perdrix, un exercice, la voix, soigneux, exact, frileux, le prix, six, nuageux, un boxeur, mieux, une exposition, un texte, s'exprimer, exagéré. Réussite : /10

84 **Classe ces mots en deux groupes : ceux où x se prononce « ks » et ceux où x se prononce « gz ».**

une fixation, exister, une expression, un exemple, expliquer, se vexer, examiner, exactement, un auxiliaire, un exposé.

Réussite : /10

24 la lettre h

Orthographe d'usage

Règles

Observe

(ch) chat c+h — (f) phoque p+h | (ca) (ier) cahier | ( ) méthode

h aspiré

un hibou
le hibou
des hiboux
pas de liaison

une histoire
l' histoire
des histoires
liaison

h muet

Retiens

- Dans les mots, la lettre **h** peut servir à former **ch** et **ph** (*chat, phoque*) ou à séparer deux voyelles (*cahier*). Elle peut aussi être muette (*méthode*).
- Au début des mots, la lettre **h** peut être aspirée (*le hibou*) ou muette (*l'histoire*).

85 Quand on enlève la lettre h, est-ce que la prononciation change ?

Ex. : un bahut → oui (baut) ; du thon → non (ton).

la menthe, un marchand, le thé, la pharmacie, un bonhomme, une chaudière, ahuri, un rhume, une charpente, le bonheur.

Corrigé p. 161 Réussite : /10

86 Ajoute le, la ou l' suivant que le h est aspiré ou muet.

Ex. : … hibou → **le** hibou (h aspiré) ; … herbe → **l'**herbe (h muet).

de … huile d'olive, … hirondelle, … haie de lauriers, … hameau, … horloge, … habitude, … hache, … homme, … hélicoptère, … héros.

Corrigé p. 166 Réussite : /10

87 Écris les mots de la même famille deux par deux.

un herbivore, l'humidité, habiter, l'herbe, la hanche, inhabitable, un hurlement, se déhancher, humide, hurler.

Réussite : /10

25 les doubles consonnes

Orthographe d'usage

Observe

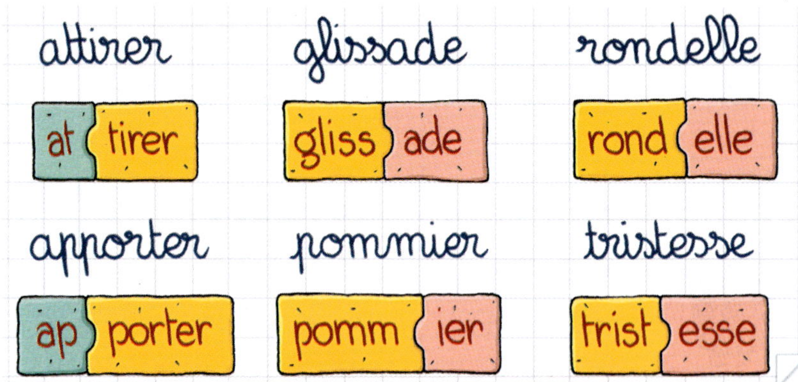

Retiens

- On peut trouver des doubles consonnes au début des mots (*at.tirer, ap.porter*), dans les mots (*gliss.ade, pomm.ier*) ou à la fin des mots (*rond.elle, trist.esse*).

88 Complète ces noms avec ette ou avec elle.

Ex. : une rond... → une rond**elle**.

une sauter..., une chou..., une ru..., une rec..., la dent..., la toil..., une demois..., une voy..., une servi..., une fem... .

Corrigé p. 161 Réussite : /10

89 Trouve les noms en -ette correspondant à ces noms et à ces verbes.

Ex. : une poche → une poch**ette**.

une fourche, une cloche, la mie, cacher, une cuve, une trompe, baver, une barre, deviner, une couche.

Corrigé p. 166 Réussite : /10

90 Écris ces expressions en ajoutant des doubles consonnes.

Ex. : o...rir un cadeau → o**ff**rir un cadeau.

un croissant au beu...e • un co...ier de perles • un tube de po...ade • une tou...e d'herbe • une gro...e préhistorique • une culo...e en coton • un ca...é de chocolat • le chi...re sept • un coup de si..let • déclarer la gue...e.

Corrigé p. 168 Réussite : /10

91 **Aide-toi des mots de gauche pour compléter les mots de la même famille.**

Ex. : gramme → kilogra**mm**e.

terre	→	te…asse	nappe	→	na…eron
coiffer	→	coi…eur	colle	→	co…age
mettre	→	perme…re	souffrir	→	sou…rance
sonner	→	so…erie	chauffer	→	chau…age
pomme	→	po…ier	personne	→	perso…age

Corrigé p. 170 Réussite : /10

92 **Écris ces expressions en ajoutant des doubles consonnes.**

Ex. : la va…ée du Rhône → la va**ll**ée du Rhône.

tomber en pa…e • les gri…es du chat • un fromage à pâte mo…e • un co…ret à bijoux • mener une vie tranqui…e • un livre de gra…aire • un bu…et de cuisine • a…rocher à pas de loup • une gra…e de raisin • une éto…e de coton.

Réussite : /10

93 **Même consigne.**

peser plus d'une to…e • une a…ée goudro…ée • des vieux chi…ons • une éche…e en aluminium • craquer une a…ume…e • faire un bonho…e de neige • un bruit te…ible • avoir la gri…e • creuser un trou avec une pe…e • une raque…e de te…is.

Réussite : /10

94 **Complète chaque couple de mots de la même famille avec la même double consonne.**

Ex. : cha…ue → cha…ette → cha**rr**ue, cha**rr**ette.

co…erce	→	co…erçant	so…e	→	so…eil
a…ée	→	a…iversaire	bo…e	→	bo…ine
savo…er	→	savo…ette	si…ler	→	si…loter
nou…ir	→	nou…iture	ve…ou	→	ve…ouiller
couro…e	→	couro…ement	a…oser	→	a…osoir

Réussite : /10

26 noms en -ment

Orthographe d'usage

Observe

classer — sentir

il a classé — il a senti

un classement — un sentiment

—— ement — —— iment

agrandir : agrandi → agrandissement

Retiens

- Les noms terminés par **-ment** s'écrivent **-ement** s'ils sont formés d'un participe passé en **-é** (*classé, classement*).
- Les noms formés avec un participe passé en **-i** s'écrivent **-iment** (*senti, sentiment*) ou **-issement** (*agrandi, agrandissement*).

95 **Cinq noms en -ment correspondent à un verbe. Écris ces verbes.**

un claquement, un craquement, un moment, un croisement, un monument, le classement, un élément, un appartement, une jument, un dégagement. Corrigé p. 161 Réussite : /10

96 **Pour quels participes passés peux-tu écrire un nom en -ment?**

amusé, transporté, couché, enseigné, jugé, gagné, gouverné, fortifié, débuté, miaulé. Corrigé p. 166 Réussite : /10

97 **Quelles expressions avec un nom en -ment correspondent à ces phrases ?**

Ex. : La terre a tremblé. → un tremblement de terre.

Le tonnerre a grondé. • Le chien a grogné. • Le lion a rugi. • Un pneu a éclaté. • Le terrain a glissé. • Le malade a gémi. • Le moteur a ronflé. • Le match a commencé. • On a chargé le camion. • On a remplacé un joueur. Réussite : /10

27 adverbes en -ment

Orthographe d'usage

Observe

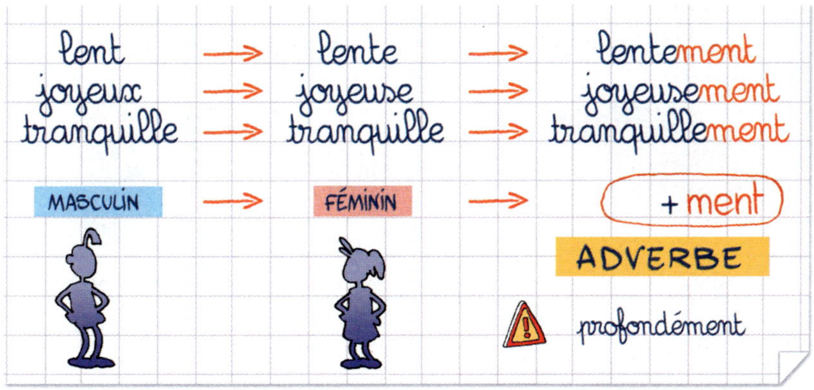

Retiens

- Les adverbes terminés par **-ment** sont formés à partir d'un adjectif au féminin suivi de **-ment** qui signifie « d'une manière » : *lente, lentement (d'une manière lente).*

98 **Trouve l'adjectif féminin qui correspond aux mots suivants.**

Ex. : heureusement → heureuse.

agréablement	doucement	rapidement	faussement
parfaitement	largement	justement	gravement
soigneusement	nettement		

Corrigé p. 161 Réussite : /10

99 **Écris les adjectifs suivants au féminin, puis trouve les adverbes qui correspondent.**

Ex. : joyeux → joyeuse, joyeusement.

curieux	simple	aimable	prochain
tendre	malheureux	étroit	profond
gratuit	calme		

Corrigé p. 166 Réussite : /10

100 **Même consigne.**

tranquille	dangereux	distinct	seul
frais	unique	mou	régulier
lourd	délicieux		

Réussite : /10

28 les homonymes

Orthographe d'usage

Observe

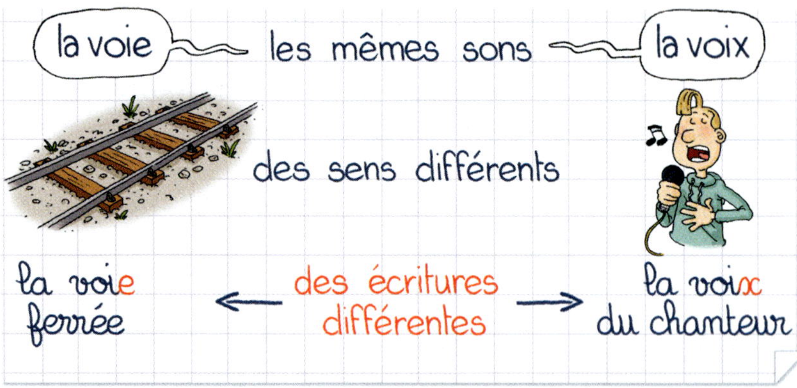

Retiens

- Les homonymes sont des mots qui se prononcent de la même façon, mais qui ont des sens différents et des écritures différentes : *la voie (ferrée)* et *la voix (du chanteur)*.

101 Complète par les homonymes en gras.

bon/bond • La soupe est bonne ; le potage est … .• Le chien bondit ; il a fait un … .

sot/saut/seau • Elle saute très haut ; quel … ! • Qu'elle est sotte ; qu'il est … ! • Remplis ce … avec de l'eau.

compte/conte/comte • Grand-mère raconte un beau … . • Voici monsieur le … . • Le comptable a fini les … .

laid/lait • À la laiterie, j'achète du … . • Elle est laide ; il est … .

Corrigé p. 161 Réussite : /10

102 Même consigne.

porc/port • Les installations du … sont les installations portuaires. • Un jeune … s'appelle un porcelet.

cour/cours/court • Ce pantalon est trop … . • Il descend le … de la rivière. • La … a été goudronnée.

fin/faim • C'est fini ; c'est la … . • Il est affamé ; il a … .

vois/voit/voix • Il a une drôle de … : il chante faux. • Je le … bien et lui aussi, il me … très bien.

Corrigé p. 166 Réussite : /10

103 Complète par les homonymes en gras.

fois / foie • Parfois, il revient deux ou trois … . • Jadis, pour faire grossir le … d'une oie, les Grecs la gavaient de figues !
ver / vers / vert / verre • Je préfère ce pull … à cette chemise verte. • Il faut passer par ce champ pour aller … le torrent. • Ce fruit contient un … . • Prends ce … de limonade.
sans / sent / cent / sang • Cette fleur … bon. • C'est une tache de … . • Ils étaient exactement … trois. • C'est un foyer … enfants.

Corrigé p. 168 Réussite : /10

104 Même consigne.

cou / coup / coud • Il … un bouton. • D'un grand … de hache, il coupa la bûche. • Ce col me serre le … .
cher / chair • Les animaux carnivores se nourrissent de … . • Ma chère maman et mon … papa.
cinq / sain / saint • La nourriture est saine ; le climat est … . • Dix groupes de … garçons, cela représente cinquante enfants. • C'est une sainte femme ; cet homme est un … .
cane / canne • Le vieillard s'aide d'une … pour marcher. • La … est la femelle du canard.

Réussite : /10

105 Complète par les homonymes en gras.

sel / selle • Il a changé la … de son vélo. • Il a mis du … dans la salière.
si / scie / -ci • Pour scier, il faut avoir une … . • Tu n'en veux pas ? … ! • Ici, vous rangerez celle … .
mal / malle / mâle • Ce n'est pas une femelle, c'est un … . • Il s'est fait … au genou en tombant. • Votre … voyagera dans la soute à bagages.
date / datte • Écris la … sur la première ligne. • La … est le fruit du dattier.

Réussite : /10

106 Choisis cinq de ces homonymes pour compléter les phrases : *pot, peau, encre, ancre, pois, poids, poix, temps, tant, tend.*

Elle a la … fragile. • Veux-tu manger des petits … ? • Elle a … rit qu'elle en pleurait ! • Les camions sont appelés des … lourds. • Il écrit avec de l'… noire.

Réussite : /10

29 les mots invariables

Orthographe d'usage

Observe

Retiens

- Les mots invariables sont des adverbes, ou bien des mots qui servent à assembler les autres mots dans les phrases. Ils ne changent jamais d'orthographe.

107 **Complète avec les mots sur fond bleu.**

très
près de
après
d'après
auprès

A. - Il est arrivé longtemps … elle. • Il est … onze heures. • Je resterai … de toi. • … vous, dans combien de temps serons-nous arrivés ? • Nous sommes … contents.

moins
mais
jamais
alors
toujours

B. - Il ne viendra … . • Elle dit … la vérité. • Je le crois, … je me méfie tout de même. • Il ne mangeait pas, … je lui ai proposé un dessert. • Il travaille … que sa sœur.

Corrigé p. 161 Réussite : /10

108 **Même consigne.**

avant
devant
durant
pendant
maintenant

A. - Je sais … qu'elle court très vite. • Il arrêta sa voiture … la porte. • On parla une heure … . • Nous sommes arrivés … toi. • Il sera absent … une semaine.

puis depuis puisque lorsque presque

B. - Il pleut … trois jours. • …'il leva le drapeau, la fanfare se mit à jouer. • Il s'étendit sur le lit, … il s'endormit. • … tu veux sortir, prends un parapluie. • Elle a … toujours raison. Corrigé p. 166 Réussite : /10

109 Complète avec les mots sur fond bleu.

quoi pourquoi pourtant partout surtout

A. - Son chien le suit … . • Je voudrais savoir … tu n'aimes pas cette voiture. • La neige bloque la route mais il faut … avancer. • … ne m'envoie pas de lettres ! • Elle n'a pas de … vivre.

voilà	à
déjà	là
jusqu'à	

B. - Tu étais … avant elle. • Je suis arrivé … huit heures. • Le …, c'est bien lui. • Il restera … ce soir. • Elle est … venue.

Réussite : /10

110 Même consigne.

aussi	ici
	ceci
	voici
	parmi

A. - Restons … . • Il n'est pas … grand que toi. • … mes enfants. • Serez-vous … nous dimanche prochain ? • Regardez bien … : c'est une pièce de monnaie grecque.

tard	trop
	beaucoup
	tout à coup
	longtemps

B. - L'avion est … plus rapide que le train. • Ces gâteaux sont … chers ! • Il y a … qu'elle est partie. • Hier soir, il s'est couché très … . • …, il se retourna et se sauva. Réussite : /10

111 Complète avec les mots sur fond bleu.

chez	dedans
assez	dessus
chaque	dessous
malgré	parfois
	autrefois
	quelquefois

Merci, j'en ai … . • Les mots … et … ont presque le même sens. • Il s'est penché au-… du puits et il est tombé … . • Il sort … la pluie. • Je t'invite … moi. • … signifie il y a très longtemps. • … soir, il soulève son matelas et cache son portefeuille … . Réussite : /10

30 verbes en -endre, -eindre, -uire, -oir

Orthographe d'usage

Observe

Retiens

- Les verbes terminés par le son « endre » s'écrivent tous **endre**, sauf *répandre*.
- Les verbes terminés par le son « indre » s'écrivent tous **eindre**, sauf *craindre et plaindre*.
- Les verbes terminés par le son « uir » s'écrivent tous **uire**, sauf *fuir* et *s'enfuir*.
- Les verbes terminés par le son « oir » s'écrivent tous **oir**, sauf *croire* et *boire*.

112 Complète les verbes suivants par uire ou par oir.

recond…, détr…, sav…, reconstr…, pleuv…, fall…, reprod…, s'asse…, s'instr…, recev… . Corrigé p. 161 Réussite : /10

113 Complète les verbes suivants par endre, eindre ou aindre.

se déf… seul, se pl… du bruit, desc… l'escalier, r… un service, cr… le froid, susp… un lustre, ent… les voisins, dép… de quelqu'un, dép… un personnage, v… bon marché. Réussite : /10

114 Complète les verbes suivants par uire, oir ou oire.

cond… une voiture, prév… le temps, val… cher, constr… un mur, voul… réussir, b… du thé, rev… un film, introd… la clé dans la serrure, c… dans un four, cr… quelqu'un. Réussite : /10

31 et / est

Homophones grammaticaux

Observe

Retiens

- **et** réunit deux mots, deux expressions ou deux phrases. Il a le sens d'une addition : *la poule* ***et*** *son poussin*.
- **est**, c'est la 3e personne du singulier du verbe *être*, au présent de l'indicatif (*il* ***est*** *content*) ou de l'auxiliaire *être* d'un verbe au passé composé (*il* ***est*** *réveillé*).

115 **Complète par et ou est.**

La terre … ronde. • Ce virage … dangereux. • Elle joue du piano … du violon. • Il n'… pas poli. • Il fait des grimaces … dit des sottises. • Elle se coucha … s'endormit aussitôt. • Le vestiaire …-il ouvert ? • Il désobéit … se sauva. • Ce n'… pas stupide. • Le boulanger … le libraire sont voisins.

Corrigé p. 161 Réussite : /10

116 **Même consigne.**

La solution … facile à trouver. • …-il toujours aussi polisson ? • Il glissa … tomba. • Il a réparé mon réveil … mon horloge. • Ma serviette n'… pas mouillée. • La récréation … terminée. • On avait faim … soif. • Elle … allée à la foire. • Il élève des porcs … des canards. • Où … le râteau ? Réussite : /10

117 **Dans un livre ou dans une revue, trouve trois phrases qui contiennent et, deux phrases qui contiennent est.** Réussite : /10

32 ou / où

Homophones grammaticaux

Observe

Retiens

- **ou** (sans accent) marque un choix entre deux choses, deux personnes, deux animaux ou deux idées : *un vélo* ***ou*** *une voiture*.
- **où** (avec accent) exprime une idée de lieu. ***Où*** ***veux-tu aller ?*** signifie : *À quel endroit veux-tu aller ?* **où** exprime parfois une idée de temps : *La pluie tomba au moment* ***où*** *j'entrai.*

118 **Complète par ou ou bien par où.**

Il ouvrit l'armoire … se trouvait la confiture. • Préférez-vous un potage … de la salade ? • C'est la grange … je me suis caché. • D'… viens-tu ? • Est-ce ton frère … ta sœur qui va faire les commissions ? • … veux-tu aller ? À Nice … à Cannes ? • C'était un lapin … un lièvre. • … est le rayon boucherie ? • Elle savait … il fallait s'arrêter.

Corrigé p. 161 Réussite : /10

119 **Même consigne.**

Préférez-vous le football … le rugby ? • Tu peux manger des fraises … des framboises. • Voici l'arbre … j'ai trouvé un nid. • Je te rencontrerai … tu veux. • Il voudrait un circuit … une voiture téléguidée. • Je me souviens du jour … elle a trouvé son chien. • Je ne sais pas … mène cette avenue. • Le chat dort sur le canapé … sur le lit. • C'est un parc … vivent des oiseaux. • Qui va conduire : toi … lui ?

Réussite : /10

33 ce, cet, cette, ces

Homophones grammaticaux

Observe

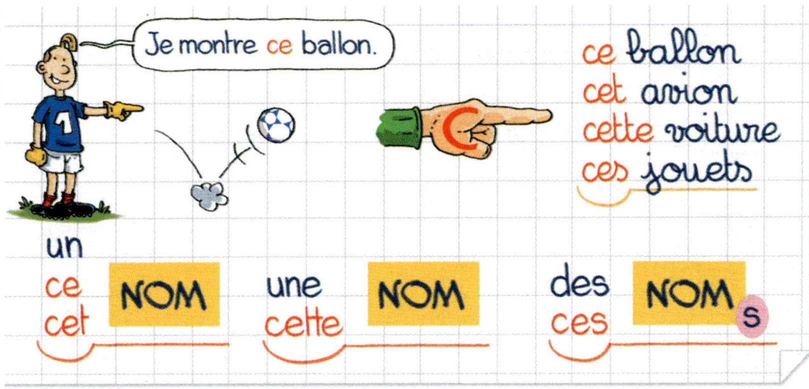

Retiens

ce, cet, cette et ces accompagnent le nom. Ils expriment l'idée de montrer : *ce ballon*.

- Après ce et cet, le nom est masculin singulier.
- Après cette, le nom est féminin singulier.
- Après ces, le nom est au pluriel (masculin ou féminin).

120 Écris ces groupes du nom en utilisant ce, cet, cette ou ces.

Ex. : un bonnet → **ce** bonnet.

un arbuste, une aiguille, des grimaces, un apprenti, des boxeurs, un objet, une ouverture, des jeux, un éléphant, un bruit.

Corrigé p. 161 Réussite : /10

121 Même consigne.

une année, un flacon, l'averse, mon exercice, une alarme, des gens, un oignon, une épée, un espoir, un égout. Réussite : /10

122 Complète par ce, cet, cette ou ces.

… olive est verte. • … informations paraissent justes. • Peux-tu aider … vieille personne ? • … actrice joue vraiment bien. • … agneau est mignon. • Il s'est caché dans … buisson. • … équipage pilotera … avion. • … aventure est extraordinaire. • … allumettes sont mouillées. Réussite : /10

34 a / à

Observe

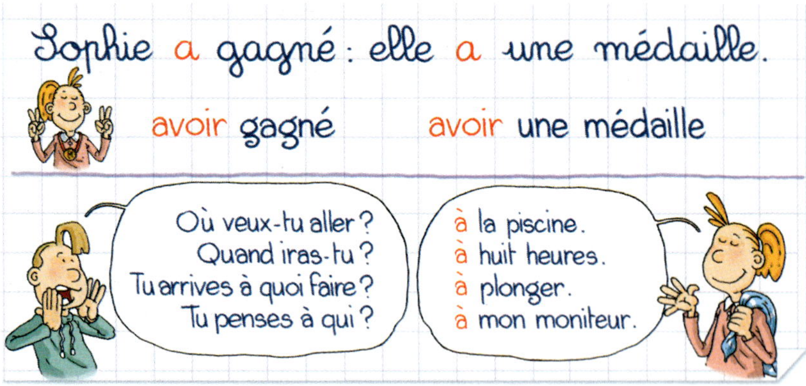

Retiens

- **a** (sans accent) est la 3e personne du singulier du verbe *avoir* au présent de l'indicatif (*elle a une médaille*) ou de l'auxiliaire *avoir* d'un verbe au passé composé (*elle a gagné*).
- **à** (avec accent) est un petit mot invariable (comme *de, en, dans, par, pour, sur*…).

123 **Trouve les expressions simples construites avec avoir.**

Ex. : Il a mangé du chocolat. → avoir mangé.
Elle a une jolie maison. → avoir une maison.

Ma grande sœur a quinze ans. • Le loup a de grandes dents. • Il n'a plus mal à la tête. • La radio a annoncé du verglas. • A-t-elle encore faim ? • Il n'a pas pris le train. • Cette personne a trois enfants. • Elle ne m'a rien donné. • On a de la chance. • Mamie a repassé le linge.

Corrigé p. 161 Réussite : /10

124 **En informatique, le signe @ indique l'endroit où l'on envoie un message. Remplace-le par à ou au (= à le) dans ces phrases.**

Donnez mon courrier @ la gardienne. • Allez chercher le document @ la mairie. • Ils aimeraient aller @ Japon. • Vous irez vous asseoir @ huitième rang. • Livrez ce paquet @ monsieur Dupont.

Corrigé p. 166 Réussite : /10

125 **Complète par a ou à.**

Ex. : Il … un pyjama … rayures. → Il **a** un pyjama **à** rayures.

Il … peu d'argent. • Ils sont allés … la fête. • Elle vit … Nancy. • Cette boîte n'… plus de couvercle. • Il … appris … naviguer. • …-t-elle un stylo ? • Il … de la peine. • Il faudra partir … la tombée de la nuit. • C'est … moi. Corrigé p. 168 Réussite : /10

126 **Pour chaque phrase, trouve l'expression construite avec avoir ou le groupe de mots qui commence par à.**

Ex. : Elle est allée à la mairie. → **à** la mairie.

Il attendait à l'angle de la rue. • On grimpait à cet arbre. • Elle a envie de réussir. • Il se rendit à la poste. • Pierre a les yeux bleus. • Le tableau aide à comprendre la règle. • A-t-elle encore de la fièvre ? • On lui a signalé une erreur. • Il utilisait à la fois des clous et des vis. • Elle a du courage. Réussite : /10

127 **Complète par a ou à.**

Il posa bébé sur la table … langer. • Il est parti … cinq heures. • Il … passé ses vacances … la mer. • On … réclamé une augmentation. • Son grand-père … des cheveux blancs. • Cette femme n'… pas de voiture. • Elle y va toujours … pied. • Le chien … aboyé toute la nuit. • Il ralentit … l'entrée du virage.

Réussite : /10

128 **Même consigne.**

Cette voiture … le moteur … l'arrière. • Il … son nom brodé sur sa blouse. • Elle jouait avec un pistolet … eau. • Il courut d'un bout … l'autre du wagon. • Il pense … vérifier ses opérations. • Le cerf broutait … la lisière du bois. • Elle continuait … bavarder. • Il m'… donné une lettre … poster. Réussite : /10

129 **Avec les mots de gauche et les mots sur fond bleu, écris des expressions avec à.**

un coffre	une corbeille	tricoter	oxygène
une cuillère	une chemise	jouets	papier
un fer	une cabane	rayures	soupe
une aiguille	une crème	dents	outils
un masque	une brosse	repasser	bronzer

Réussite : /10

35 ce / se

Homophones grammaticaux

Observe

Retiens

- **ce** accompagne un nom masculin singulier. Il exprime l'idée de montrer : *un chat, ce chat.*
- **se** fait partie d'un verbe pronominal. Dans *il se lave*, il y a le verbe *se laver.*

130 Écris le verbe de chaque phrase à l'infinitif.

Ex. : On se lave chaque jour. → se laver.

Ils se couchaient tôt. • Elle se déplace à vélo. • On se rencontra dans une rue de Montréal. • Les enfants se mirent en route. • Ils se chauffent au gaz. • Il se plaît dans cette école. • Yves se croit le plus fort. • Le chat et le chien se cachaient sous la table du salon. • Adeline se servit la première. • On se pique les jambes dans ces buissons.

Corrigé p. 161 Réussite : /10

131 Écris ces groupes du nom au singulier.

Ex. : ces fauteuils de cuir → ce fauteuil de cuir.

ces châteaux forts
ces tableaux modernes
ces filets de pêche
ces jeux informatiques
ces microbes dangereux
ces refrains célèbres
ces déchets agricoles
ces bruits de moteur
ces tricots de laine
ces grands écrans

Corrigé p. 166 Réussite : /10

132 **Complète par ce ou se.**

… microscope est bien réglé. • Il ne … peigne jamais. • Je connais bien … prêtre. • Donne-moi … fil de fer. • Ils … sentent fatigués. • J'aime … feuillage d'automne. • Il faut qu'on … suive bien si on ne veut pas … perdre. • … crocodile semble dormir. • … flacon contient de l'eau oxygénée.

Corrigé p. 169 Réussite : /10

133 **Réponds par vrai ou par faux.**

1. On peut rencontrer **se** juste avant un nom.
2. Au pluriel, **ce** devient **ces**.
3. **se** fait partie d'un verbe pronominal.
4. Avant l'auxiliaire *être*, **se** devient **c'est**.
5. Le petit mot **ce** exprime l'idée de montrer. Réussite : /10

134 **Complète par ce ou se.**

J'ai aimé … repas. • Prête-moi … coussin. • Elle … soigne bien. • Je reconnais … drapeau. • Ils … sont mis à courir. • Le cheval … maintient en tête. • Il … décide à faire … voyage. • On … retrouvera lundi. • Regarde … lézard ! Réussite : /10

135 **Même consigne.**

On … promenait chaque soir au clair de lune. • Il … lève tard le dimanche. • … mois de novembre est pluvieux. • Qui a perdu … ruban ? • Les chiens … sont regardés à travers la porte vitrée. • J'ai acheté … manteau. • Je n'aime pas … masque. • Elle … retourna et nous aperçut. • Connais-tu … policier ? • Le vernis de … parquet est encore frais. Réussite : /10

136 **Dictée.**

Ce vieux chien est drôle. Le matin, à six heures, il vient se coucher devant la porte de ma chambre et il attend que je sorte du lit. Quand vient ce moment, il se lève et me suit dans la salle de bains où il s'assoit sur son derrière en regardant fixement mon rasoir électrique.

Dès que je commence à me raser, il se dresse sur ses quatre pattes en aboyant, comme s'il voulait dire : « Ce machin… si jamais tu me le passes sur le menton, je te mords ! »

36 se, s'est

Homophones grammaticaux

Observe

Il se baigne. — se baigner

Il s'est baigné. — se baigner

se / s'est VERBE

Retiens

- **se** fait partie du verbe pronominal. Dans *il se baigne*, il y a le verbe *se baigner*.
- **s'est** fait aussi partie d'un verbe pronominal. Dans *il s'est baigné*, il y a aussi le verbe *se baigner*.

137 **Écris les verbes à l'infinitif.**

Elle s'est retournée. • Il ne s'est pas regardé ! • Mes frères se sont rendus à la mairie. • Le chien s'est sauvé devant le chat. • Ils se sont cachés sous le bureau. • Il s'est encore disputé avec sa sœur ! • L'animal s'est dressé sur ses pattes arrière. • Elle s'est régalée avec ce gâteau. • Il s'est brûlé avec le réchaud. • Elle s'est réveillée à dix heures. Corrigé p. 162 Réussite : /10

138 **Complète ce tableau.**

infinitifs		*en ce moment…*		*hier…*
se moquer	→	on se moque	→	on s'est moqué
se rappeler	→	il se rappelle	→	il … …
… …	→	il se souvient	→	il … …
se relever	→	elles … …	→	elles se sont relevées
s'arrêter	→	il … …	→	il … …
… …	→	il … …	→	il s'est préparé
se dépêcher	→	on … …	→	on … …

Réussite : /10

37 son / sont

Homophones grammaticaux

Observe

Retiens

- **son** accompagne un nom au singulier. Il exprime une idée de possession : *son cartable, c'est le sien.*
- **sont** est la 3e personne du pluriel du verbe *être* au présent de l'indicatif (ou de l'auxiliaire *être* d'un verbe au passé composé).

139 Complète par son ou sont.

Ex. : Il a déchiré … anorak. → Il a déchiré **son** anorak.

Il regardait … ombre. • Ils … partis pour les vendanges. • Elles … capables de soulever ce poids. • Le chat lui a mangé … morceau de viande. • Où …-ils allés ? • … triangle est bien dessiné. • Le capitaine est très fier de … bateau. • À quelle heure les magasins …-ils ouverts ? • Il a perdu … marteau. • Les murs … soutenus par des poutres.

Corrigé p. 162 Réussite : /10

140 Même consigne.

Elles ne … pas surprises. • Les gendarmes … cachés derrière un mur. • … téléviseur est encore en panne ! • Les marchandises … sur le quai de la gare. • Grand-père a confiance en … médecin. • … rêve est d'acheter une maison en Provence. • Ces grosses cerises … délicieuses. • Je ne crois pas à … histoire. • Les coureurs ne … pas encore arrivés. • Elle rangea soigneusement … collier.

Réussite : /10

38 c'est / cet, cette, ces

Homophones grammaticaux

Observe

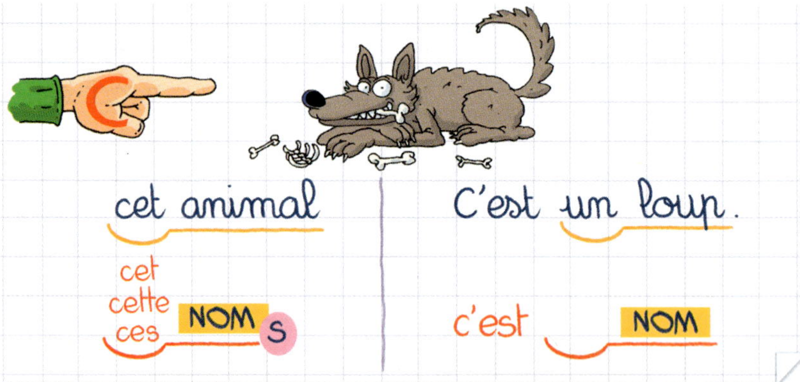

Retiens

- **c'est** est suivi d'un groupe du nom qui commence par un déterminant : *c'est un loup*.
- **cet**, **cette** et **ces** font partie du groupe du nom :
  - **cet** est suivi d'un nom masculin singulier (*cet animal*) ;
  - **cette** est suivi d'un nom féminin singulier (*cette louve*) ;
  - **ces** est suivi d'un nom au pluriel (*ces loups*).

141 **Complète par c'est, cet, cette ou ces.**

… un chat … chats … mon frère … enfants … animal
… un animal … arbre … un érable … branches … pancarte

Corrigé p. 162 Réussite : /10

142 **Même consigne.**

… graines, … objet, … le directeur, … question, … une question, … feuilles, … une feuille, … une graine, … mon livre, … livres.

Réussite : /10

143 **Complète par c'est, cet, cette ou ces.**

Range … chaise. • … poignées de portes sont jolies. • Qui a fait … achat ? •… émission est passionnante. • Il dit que … une lettre urgente. • … un garçon tranquille. • Je pense que … mon oncle qui viendra. • … ordinateurs sont puissants.• … pelouse est bien tondue. • Tu crois que … un faisan ? Réussite : /10

39 tout / tous / toute(s)

Homophones grammaticaux

Observe

Il a mangé…
tout le gâteau
toute la tarte

tous les biscuits
toutes les fraises

NOM s

Elles sont toutes venues.
Ils sont tous venus.

Ils sont tout chauds.

très
tout à fait
entièrement
INVARIABLE

⚠ toute(s) chaude(s)

Retiens

- **tout**, placé avant le groupe du nom, s'accorde avec celui-ci. Il peut s'écrire *tout*, *toute*, *tous* ou *toutes*.
- Les pronoms **tous** et **toutes** s'accordent avec ce qu'ils représentent.
- L'adverbe **tout** a le sens de *très, tout à fait*. Il est placé avant un adjectif et il est invariable. Mais au féminin, on l'accorde si le mot commence par une consonne (ou par un *h aspiré*).

144 **Complète par tout, tous, toute ou toutes.**

… le mois
… la matinée
… les jours
… les semaines
… ces temps-ci
… mon placard
… mes tiroirs
… ses histoires
… leurs affaires
… nos disques

Corrigé p. 162 Réussite : /10

145 **Même consigne.**

Je resterai … la soirée. • Ils étaient … à l'école. • J'ai lu … ces livres. • Elle a trouvé … les solutions. • Bébé est … nu. • … les voitures sont arrêtées. • … mon travail est terminé.• Ils y vont … les dimanches. • C'est … naturel. • … les prix sont marqués.

Réussite : /10

40 c'est / s'est / sais, sait

Homophones grammaticaux

Observe

Retiens

- **c'est** est suivi d'un groupe du nom, d'un pronom ou d'un adjectif.
- **s'est** est suivi du participe passé d'un verbe.
- **sais** et **sait** sont des formes conjuguées du verbe **savoir**, au présent de l'indicatif : *je sais, tu sais, il sait*.
- **ses** fait partie d'un groupe du nom au pluriel.

146 Souligne les mots qui justifient l'emploi de c'est. Indique s'il s'agit d'un groupe du nom, d'un pronom ou d'un adjectif.

Ex. : C'est lui le premier. → C'est <u>lui</u> le premier. (pronom)

Dans huit jours, c'est l'automne. • C'est important de lire le mode d'emploi. • C'est elle qui vous téléphonera. • C'est ma meilleure amie depuis longtemps. • Il trouve que c'est pénible de travailler dans le bruit.

Corrigé : p. 162 Réussite : /10

147 Écris l'infinitif des verbes employés avec s'est.

Elle s'est trompée de route et elle est arrivée en retard. Quand elle est entrée, elle s'est excusée, puis elle s'est assise. Elle s'est ensuite tournée vers moi et m'a demandé : « Que s'est-il passé pendant mon absence ? ».

Corrigé : p. 166 Réussite : /10

148 Complète par c'est ou s'est.

Elle … arrêtée devant moi. • … très amusant. • Qu'est-ce que … énervant ! • Jean … assis sur le banc. • Du début à la fin, … faux. • On … remis au travail. • Il … promené avec son chien. • Je suis sûr que … différent. • Quand on l'a vu, on … sauvé. • Il … rendu à son travail. Corrigé : p. 169 Réussite : /10

149 Complète par c'est, s'est ou sait.

Mon frère … déjà lire. • Il … précipité vers son grand-père. • Comme … triste ! • Est-ce qu'il … mon nom ? • … un joueur redoutable. • Bébé … réfugié dans les jambes de sa mère. • … une ancienne ligne de chemin de fer. • Elle … décidée à jouer avec nous. • Il … conjuguer tous les verbes au présent. • … mon cousin qui a raison. Corrigé : p. 170 Réussite : /10

150 Écris c'est ou ces avant chaque groupe de mots.

Ex. : distributeurs de billets → **ces** distributeurs de billets.
un temps pluvieux → **c'est** un temps pluvieux.

… jeunes gens • … leur grand-père • … notre adresse • … oiseaux sauvages • … une alarme • … volets verts • … une fenêtre coulissante • … recettes de cuisine • … mon dessert préféré • … grandes affiches. Réussite : /10

151 Complète par c'est, ces ou ses.

À qui sont … clés ? • … oreilles sont très propres. • … chutes de neige font la joie des skieurs. • Regarde : … mon portrait ! • Ce sont … chaussures, il les met tous les jours. • … vraiment désagréable ! • … étoiles sont très loin de la Terre. • Je crois que … gros nuages noirs annoncent la pluie. • Elle joue souvent avec … frères. • … un étourdi ! Réussite : /10

152 Complète par c'est, s'est, ces, ses, sais ou sait.

Il a retrouvé … ciseaux. • …-elle jouer du piano ? • Le boxeur … relevé avec peine. • Elle a … lunettes sur le nez. • Il … trompé de route. • … très simple. • Elle … mise à nager. • … encore moi qui viens vous voir. • Je ne … plus ce qu'il a dit. • Tous … bâtiments forment le ministère. Réussite : /10

41 on / ont

Homophones grammaticaux

Observe

il
elle
on danse

on VERBE

c'est nous !

Ils ont couru.
Ils ont soif.

avoir couru
avoir soif

ils
elles ont
AVOIR

Retiens

- **on** est un pronom personnel, à la 3e pers. du sing., comme **il** ou **elle**.
- **ont** est la 3e personne du pluriel du verbe *avoir* au présent de l'indicatif (ou de l'auxiliaire *avoir* d'un verbe au passé composé).

153 Écris l'expression construite avec avoir, puis complète.

Ex. : Ils n'... pas joué. → avoir joué. Ils n'**ont** pas joué.

Elles ont très faim.	→	... faim.
Elles ont bien goûté.	→	avoir ...
Ils ont l'air très joyeux.	→	... l'air
Pourquoi ...- ils glissé ?	→	avoir ...
Elles ont gagné la course.	→	... ...
Les élèves ... mesuré la cour.	→	... ...

Corrigé p. 162 Réussite : /10

154 Remplace les sujets entre parenthèses par le pronom on.

Ex. : (*Mon frère*) arrivera ce soir. → **On** arrivera ce soir.

(*Le guide*) nous dit de rester groupés. • (*Il*) a été très applaudi. • (*La vendeuse*) enveloppa le paquet et (*elle*) ajouta un ruban autour. • Au loin, (*le chien*) vit une brebis égarée et (*il*) courut pour la ramener dans le troupeau. • (*Il*) a campé dans le pré. • (*Le garagiste*) a démonté le moteur. • (*Ma sœur*) joue du piano. • (*Elle*) nous a signalé un accident. Corrigé p. 166 Réussite : /10

155 **Complète par on ou ont.**

... va capturer le chef de l'autre équipe. • Ils ... imprimé ce journal hier. • Les paysans ... fini la récolte. • ... s'approche de la porte du château. • Penses-tu qu'... lui a pardonné ? • Les chiens ... grogné en passant devant la haie. • Va-t-... fêter ses dix ans ? • ... s'est régalé. • Je crois qu'... finira demain. • Ils n'... pas encore ouvert la salle. Corrigé p. 169 Réussite : /10

156 **Entoure les pronoms sujets qui sont à la 3e pers. du singulier.**

On avançait très vite. • On lira les messages tout à l'heure. • Pourquoi a-t-il utilisé ce clavier ? • Elle n'osait plus bouger. • On circulait dans des voitures électriques. • On n'a pas tout oublié. • Elle a eu un an hier. • Est-ce qu'on a ouvert le portail ? • Il est encore absent. • On s'amuse bien ! Réussite : /10

157 **Complète par on ou ont.**

Les pompiers ... utilisé la grande échelle. • A-t-... reçu la facture du gaz ? • Les médecins ... soigné les blessés. • ... a fini de décharger le camion. • Ils n'... pas senti la fumée. • ... a prévu un pique-nique à midi. • Ils ... souligné le titre. • Quels sont ceux qui ... sali leurs vêtements ? • ... a attiré le voleur dans un piège. • A-t-... servi le café ? Réussite : /10

158 **Même consigne.**

Elles ... nagé pendant deux heures. • Ils ... couru un mille mètres. • ... a dominé pendant tout le match. • Pourquoi ...-ils longé la rivière ? • Ils ... fait tomber un couvercle. • ...-ils reconduit les invités à la gare ? • ... a beaucoup pensé à lui. • ...-ils tout vérifié ? • ... lui a proposé le poste d'avant-centre. • Mes camarades m'... libéré. Réussite : /10

159 **Dictée.**

À la gare, on court. Dans le métro, on s'entasse. Dans la rue, on se dépêche. Au bureau, on téléphone, on s'énerve. Le soir on retrouve les enfants. Ils ont le sourire. Ils ont couru pour jouer, ils se sont entassés pour prendre le ballon, ils se sont dépêchés pour aller en récréation...

42 leur / leurs

Homophones grammaticaux

Observe

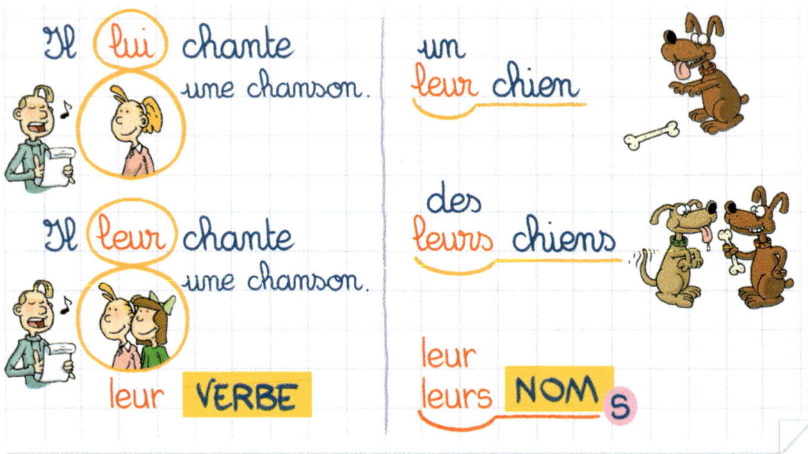

Retiens

- **leur**, placé avant un verbe, est le pluriel de **lui**.
- **leur**(**s**) (avec ou sans **s**) fait partie du groupe du nom. Il exprime l'idée que plusieurs individus possèdent quelque chose :
  – **leur** est suivi d'un nom au singulier ;
  – **leurs** est suivi d'un nom au pluriel.

160 **Complète.**

Ex. : leur jouet, … jouets → leur jouet, **leurs** jouets.

leur cahier, … cahiers ; leur vélo, leurs … ; leur machine, leurs … ; … enfant, leurs enfants ; leur …, leurs maisons ; leur livre, … livres ; … résultat, leurs résultats ; leur seau, … seaux ; leur chapeau, leurs … ; leur outil, … outils.

Corrigé p. 162 Réussite : /10

161 **Enlève leur, puis écris les phrases que tu obtiens.**

On leur pose des questions. • Je leur pardonnerai. • Il leur ouvre la porte. • On leur montre une carte. • Elles leur expliquent un problème. • Elles leur offrent du thé. • Tu leur annonces la nouvelle. • Ils leur défendent de crier. • Vous leur racontez des histoires. • Tu leur réponds.

Corrigé p. 166 Réussite : /10

162 **Écris leur ou leurs avant chaque nom. Pour quatre noms, il y a deux réponses possibles.**

… poème	… placard	… surnoms	… défauts
… clés	… souris	… pétales	… signature
… guitare	… jeux	… cousin	… matelas
… repas	… secret	… choix	… casquette

Corrigé p. 169 Réussite : /10

163 **Complète par leur ou leurs.**

… bouteille est dans le réfrigérateur. • On … a volé tous … papiers. • Les enfants … jettent à manger. • Mes voisins ont perdu … chien. • … maîtresse a fait des crêpes. • Ses cousins canadiens … apportèrent du sirop d'érable. • Ils ont fermé … magasin très tard. • Qui … a donné le ballon ? • Tu … as prouvé que tu avais encore une fois raison.

Corrigé p. 170 Réussite : /10

164 **Réponds par vrai ou faux.**

1. Le pluriel de **lui** s'écrit **leurs**.
2. On écrit **leur** seulement avant un verbe.
3. **Leurs** se trouve toujours dans le groupe du nom et peut être remplacé par **des**.
4. On peut écrire **leur** avant un nom au singulier.
5. Avant un nom, **leur** indique qu'une chose appartient à plusieurs personnes.

Réussite : /10

165 **Complète par leur ou leurs.**

J'aime beaucoup … appartement. • Voici … deux lapins. • Ils … ont proposé de venir. • J'ai écouté … histoire. • Je … ai indiqué la route. • Qui … a demandé de jouer ? • … cousins arriveront par le train. • … chien … rapporte toutes les balles. • On … servit du gratin de crevettes.

Réussite : /10

166 **Dictée.**

Au bruit de la sonnette, leurs chiens se mirent à aboyer et se précipitèrent dans le couloir. Leur maître cria, leur dit de se taire et de se coucher. Mais ils refusèrent d'aller dans leurs paniers et restèrent derrière la porte en remuant la queue. Ils m'avaient reconnu et savaient que je leur apportais toujours des biscuits !

43 la / l'a / là

Homophones grammaticaux

Observe

Retiens

- Le pronom **la** remplace un groupe du nom. Il est suivi d'un verbe : *je la donne = je donne ma clé.*
- Dans **l'a**, il y a deux mots : **l'** qui remplace un groupe du nom et **a** qui est l'auxiliaire *avoir : il l'**a** donnée = il a donné sa clé.*
- **là** est un mot invariable qui désigne un lieu.

167 Écris seulement le sujet et le verbe de ces phrases.

Ex. : Claire l'a appelé après le repas. → Claire a appelé.

Elle l'a aidé toute la journée. • Le bricolage l'a occupé hier. • On l'a reposé sur le sol. • La tempête l'a surpris la nuit. • Il nous l'a offert pour Noël. • Le vent l'a arraché. • On ne l'a pas encore construit. • La grue l'a soulevé. • Le policier l'a convoqué. • La libraire me l'a commandé. Corrigé p. 162 Réussite : /10

168 Pour chaque phrase, écris le verbe conjugué avec avoir.

Ex. : Il l'a bientôt terminée. → avoir terminé.

Il l'a fendu d'un coup de hache. • On l'a souvent invitée. • Il l'a encore cassé ! • Ma mère l'a beaucoup félicité. • Tu ne l'as pas racontée. • Le chien l'a mordu en jouant. • On me l'a peut-être volé. • Il l'a séparé des autres. • Elle l'a aussitôt jeté. • On l'a écouté pendant une heure. Corrigé p. 166 Réussite : /10

169 **Dans les phrases suivantes, enlève la et écris ce que tu obtiens.**

Ex. : Il la cherche. → Il cherche.

Je la protège. • Tu la jettes. • On la posera. • Ils la soigneront. • Elle la répare. • Maman la rinçait avec soin. • Je la remercie. • Tu la pèseras. • Cyril la regardait avec envie. • Son propriétaire la réclamera sans doute. Corrigé p. 169 Réussite : /10

170 **Complète par là, la, l'as ou l'a.**

Ex. : Je … vois très souvent. → Je **la** vois très souvent.

Les coureurs arrivent par … . • Qui veut … terminer ? • Tu … très bien réglée. • Il … perdue hier soir. • Il ne … retrouvera peut-être pas. • Ma clé n'est pas … . • Ils sont montés …-haut. • Je … distribuerai bientôt. • Il ne … pas encore lu. • Qui … remplacera ? Corrigé p. 170 Réussite : /10

171 **Pour chaque phrase, écris le verbe conjugué avec avoir.**

On l'a vite libéré. • On l'a surpris au lit. • Il l'a déjà oublié. • La directrice l'a convoqué. • On l'a allumé. • Elle l'a bien entretenu. • Papa l'a su. • Il ne l'a pas amené. • Ta sœur l'a bien mérité. • On ne l'a pas revu. Réussite : /10

172 **Complète par là, la, l'as ou l'a.**

Cette lettre, il faut que tu … pèses. • Qui … retourne, cette crêpe ? • De … jusqu'à la mairie, il n'y a pas un kilomètre. • Il … trouvé devant l'école. • Il … poussa de toutes ses forces. • Elle … gronde parfois. • Est-ce que tu me … montres, ta calculette ? • Tu ne … pas reconnue ? • Le chaton est caché …-dessous • On … reçue au courrier d'hier. Réussite : /10

173 **Même consigne.**

Prends la carte, on … regardera pendant le trajet. • Grand-père … protégée avec une bâche. • Ne reste pas …, tu vas avoir froid. • Est-ce que tu … bien observé ? • Le soir, il … cachait sous son oreiller. • La plante a séché, pourtant on … arrosée chaque jour. • Asseyez-vous …-bas ! • Son adresse, …-tu bien notée ? • Tu peux … lâcher : on … tient solidement. Réussite : /10

44 mais / mets, met / mes

Homophones grammaticaux

Observe

Ce vélo est beau mais il est trop grand !

← mais →

Il met sa veste.

je, tu mets
il, elle, on met

mettre

Ce sont mes chats.

Retiens

- **mais** marque une opposition entre deux choses ou deux idées (*beau mais trop grand*).
- **mets** et **met** sont des formes conjuguées du verbe **mettre**.
- **mes** fait partie d'un groupe du nom au pluriel. Il exprime l'idée de possession (*mes chats, ce sont les miens*).

174 **Complète par mais, mes, mets ou met.**

Il est petit, … il est malin. • Je … la table. • Il … ses mains derrière le dos. • Ce matin, le soleil brille, … il fait froid. • Est-ce que tu … le chauffage ? • Nous verrons, … il faut d'abord manger. • Maman se … parfois en colère. • Vas-y, … ne tombe pas ! • Il … le réveil à l'heure exacte. • Où sont … pantoufles ?

Corrigé p. 162 Réussite : /10

175 **Même consigne.**

Je suis content de … notes. • Ce n'est pas sa faute, … la mienne. • Je me … à travailler. • Il … dix minutes pour aller à l'école. • … pourquoi voulez-vous déménager ? • …-on cette lettre à la poste ? • La pièce était petite, … claire. • Pourquoi …- tu un tapis sur la moquette ? • … oiseaux chantent très bien. • La mer était mauvaise, … il n'eut pas peur. Réussite : /10

45 quel(s), quelle(s) / qu'elle(s)

Homophones grammaticaux

Observe

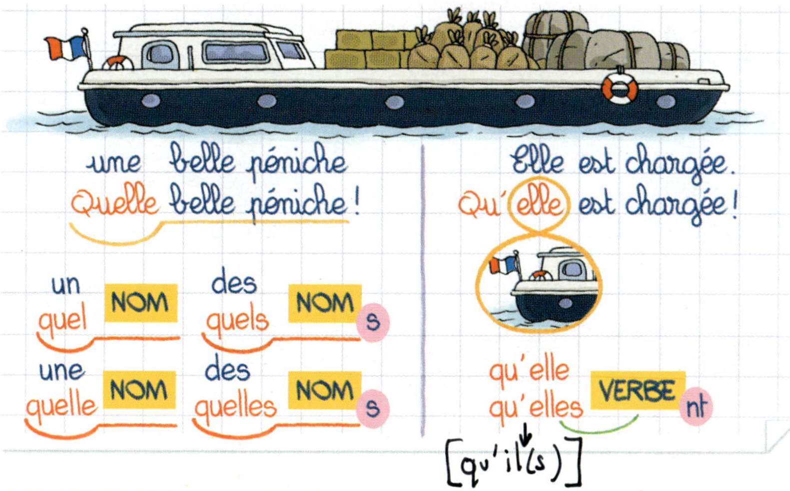

Retiens

- **quel** est dans le groupe du nom. Il s'accorde en genre et en nombre avec le nom : *quelle péniche, quelles péniches, quel bateau, quels bateaux*.
- **qu'elle** est formé de *que* et du pronom personnel *elle* au singulier (ou *elles* au pluriel). Il est suivi d'un verbe.

176 Remplace un, une, des par quel, quelle, quels ou quelles.

un masque, des manteaux, des chaises, une chanson, des bruits, une étoffe, des bougies, une grimace, des virages, une avalanche.

Corrigé p. 162 Réussite : /10

177 Écris chaque verbe en *italique* avec son sujet.

Ex. : Qu'elle *chante* bien ! → elle chante.

Je crois qu'elle *est partie*. • Il est probable qu'elle *attendra* un moment. • Penses-tu qu'elles *resteront* avec nous ? • Elle m'a dit qu'elle *rentrait* à six heures. • Je souhaite qu'elle me *donne* des leçons de piano. • Je suis sûr qu'elles *s'amusent* beaucoup. • Qu'elle *est* douce, cette infirmière ! • Il faut qu'elle *achète* le journal. • Il paraît qu'elles *savent* nager. • Qu'elle *était* jolie !

Réussite : /10

46 pluriel des noms (1)

Accords en genre et en nombre

Observe

un outil
un marteau

un NOM

des outils
des marteaux

des NOM s / x

⚠ un / des bois   une / des noix

un sac de cuir

un sac de billes

Retiens

- En général, l'idée de pluriel se marque par la lettre **s** (ou la lettre **x**) que l'on ajoute au nom singulier.
- Si le nom singulier se termine par **s**, **x** ou **z**, il ne change pas au pluriel.
- Après la préposition **de**, un nom peut être au singulier ou au pluriel, suivant le sens.

178 Complète par le pluriel, si c'est nécessaire.

un jeu de carte…, une boîte d'allumette…, une veste de laine…, des paquets de bonbon…, des verres de limonade…, un kilo de cerise…, une tasse de thé…, un groupe d'enfant…, des pommes de terre…, une collection de timbre… .

Corrigé p. 162 Réussite : /10

179 Même consigne.

un fil de fer…, un chemin de terre…, un carton de boutcille…, des bouquets de fleur…, des tranches de jambon…, des sacs de charbon…, une assiette de frite…, des tas de pierre…, des vers de terre…, une boîte de haricot… . Réussite : /10

180 Écris les noms suivants au singulier.

des achats, les poings, des compas, les prix, ses rubans, les reins, ces curieux, des filets, des tas, des Français. Réussite : /10

47 pluriel des noms (2)

Accords en genre et en nombre

Observe

un noyau un cadeau — un -au / -eau	un journal un travail — un -al / -ail
des noyaux des cadeaux — des -aux / -eaux	des journaux des travaux — des -aux
⚠ sauf : des landaus.	⚠ sauf : des bals, des chacals, des carnavals, des détails, des portails, des rails.

Retiens

- Les noms qui se terminent au singulier par **-au** et **-eau** ont leur pluriel en **-x** : *des noyaux, des cadeaux*. Sauf : *des landaus*.
- Les noms qui se terminent au singulier par **-al** ou **-ail** ont leur pluriel en **-aux** : *des journaux, des travaux*. Sauf : *des bals, des chacals, des carnavals, des détails, des portails, des rails*…

181 **Complète par le singulier ou par le pluriel, suivant les cas.**

Ex. : un cadeau, des cad… → un cadeau, des cad**eaux**.

un berceau, des berc… ; un boc…, des bocaux ; le drap…, les drapeaux ; le signal, les sign… ; un noyau, des noy… ; un tribunal, des tribun… ; le pré…, les préaux ; un crist…, des cristaux ; un tonneau, des tonn… ; le carnaval, des carnav… .

Corrigé p. 162 Réussite : /10

182 **Écris les noms suivants au pluriel.**

Ex. : un journal → des journ**aux**.

un travail, le métal, un détail, un hôpital, un total, le portail, un terminal, un vitrail, un chacal, un éventail.

Corrigé p. 166 Réussite : /10

183 **Même consigne.**

un château, un canal, un rail, l'émail, un rideau, un total, un landau, un bal, un épouvantail, un agneau. Réussite : /10

un préau →

48 pluriel des noms (3)

Accords en genre et en nombre

Observe

un jeu, des jeux

un — eu
des — eux

sauf : des pneus, des bleus.

un clou, des clous

un — ou
des — ous

sauf : des bijoux, des cailloux, des choux, des genoux, des hiboux, des joujoux, des poux.

Retiens

- Les noms qui se terminent au singulier par **-eu** ont leur pluriel en **x** : *un jeu, des jeux.* Sauf : *des pneus, des bleus.*
- Les noms qui se terminent au singulier par **-ou** ont leur pluriel en **-ous** : *un clou, des clous.* Sauf : *bijou(x), caillou(x), chou(x), genou(x), hibou(x), joujou(x), pou(x).*

184 Complète par le singulier ou par le pluriel.

Ex. : un jeu, des j… → des jeu**x**.

un chev…, des cheveux ; un égout, des ég… ; un feu, des f… ; mon gen…, mes genoux ; un nœ…, des nœuds ; un trou, des tr… ; un bœuf, des bœ… ; un pieu, des pi… ; la joue, les j… ; un écrou, des écr… . Corrigé p. 162 Réussite : /10

185 Écris les noms suivants au pluriel.

Ex. : un joujou → des joujou**x**.

un caillou, un verrou, un cachou, un pneu, un clou, un vœu, un matou, le lieu, un fou, un pou. Corrigé p. 166 Réussite : /10

186 Même consigne.

un adieu, un kangourou, son neveu, un hibou, un coucou, un aveu, un chou, un bijou, un bleu, un sou. Réussite : /10

49 féminin des noms

Accords en genre et en nombre

Observe

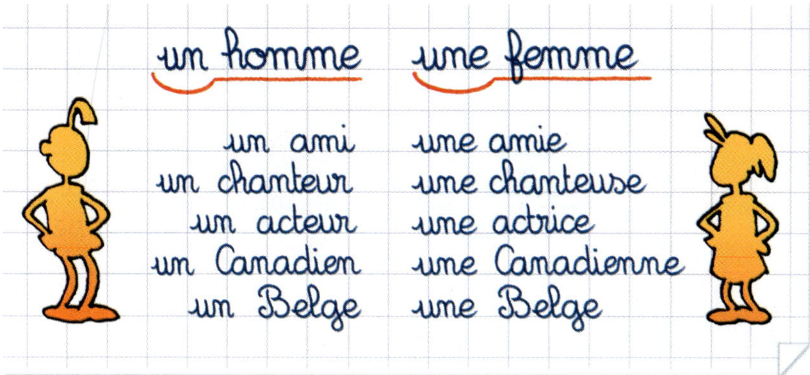

Retiens

- Un nom est masculin ou féminin. Il est masculin si on peut le faire précéder de **un**. Il est féminin si on peut le faire précéder de **une**.
- Le féminin est souvent différent du masculin correspondant (*un homme, une femme*). Parfois, on ajoute simplement un **e** au masculin (*un ami, une amie*). Le féminin peut aussi s'écrire comme le masculin.

187 Complète par le masculin ou par le féminin.

un berger, une berg… ; un dans…, une danseuse ; un invité, une invit… ; un nageur, une nag… ; un moniteur, une monitr… ; le nouveau, la nouv… ; le pays…, la paysanne ; un chien, une chi… ; un fais…, une faisane ; un gagnant, une gagn… .

Corrigé p. 163 Réussite : /10

188 Même consigne.

un début…, une débutante ; un coiff…, une coiffeuse ; un enseignant, une enseign… ; le directeur, la direct… ; un infirmier, une infirm… ; un inconnu, une inconn… ; un religi…, une religieuse ; un comédien, une coméd… ; un spectat…, une spectatrice ; un Irlandais, une Irland… . Réussite : /10

189 Écris le féminin des noms suivants.

un gardien, un joueur, un coq, le boucher, le fils, un Italien, un oncle, un journaliste, un lecteur, un Anglais. Réussite : /10

50 féminin des adjectifs

Accords en genre et en nombre

Observe

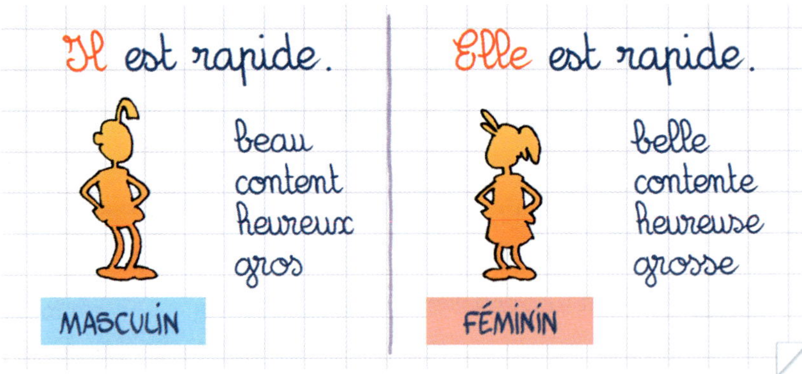

Retiens

- Un adjectif est masculin ou féminin selon le mot auquel il se rapporte.
- Le féminin de certains adjectifs ne change pas du masculin (*rapide*). Il est parfois différent (*beau, belle*). Il s'écrit souvent avec un e ajouté au masculin (*contente*). La dernière lettre du masculin peut changer (*heureux, heureuse*) ou se doubler (*gros, grosse*).

190 Complète par le masculin ou par le féminin.

un homme aimable, une femme aimabl… ; un film amusant, une histoire amus… ; un prix norm…, une baisse normale ; un récit incompl…, une liste incomplète ; le rôle principal, la règle princip… ; un garçon blond, une fille blon… ; un visage régulier, une écriture régul… ; un appartement clair, une pièce cl… ; un temps pluv…, une journée pluvieuse ; un train rapide, une voiture rapid… .

Corrigé p. 163 Réussite : /10

191 Complète en t'aidant de l'adjectif en *italique*.

une question *importante*, un moment … ; un cri *joyeux*, une musique … ; un garçon *souriant*, une fille … ; un accident *mortel*, une blessure … ; une histoire *complète*, un train … ; un billet *gratuit*, une place … ; un visage *pâle*, une figure … ; une fille *heureuse*, un enfant … ; un escalier *intérieur*, une cour … ; un agent *secret*, une chose … .

Réussite : /10

51 accord des adjectifs (1)

Accords en genre et en nombre

Observe

Retiens

- L'adjectif qualificatif s'accorde toujours avec le nom auquel il se rapporte (avec *ce qui est*...).
- L'adjectif qualificatif s'accorde en genre (masculin ou féminin) et en nombre (singulier ou pluriel).

192 Utilise les adjectifs qui sont en *italique* pour compléter ces groupes de mots.

un *gros* melon	un *joli* timbre *bleu*
une ... fraise	nos ... livres ...
de ... pêches	mes ... images ...
de ... poires	une ... fleur ...
de ... fruits	

Corrigé p. 163 Réussite : /10

193 Accorde les adjectifs entre parenthèses.

Ex. : des yeux (*brillant*) → des yeux brillant**s**.

des billets (*gratuit*) ; des histoires (*amusant*) ; une actrice (*connu*) ; des voisins (*agréable*) ; un directeur (*sévère*) ; des jeux (*instructif*) ; un buffet (*ciré*) ; des cheveux (*sombre*) ; une chatte (*craintif*) ; une perruque (*noir*).

Corrigé p. 166 Réussite : /10

194 **Trouve dix membres de phrases en reliant les noms de gauche aux adjectifs sur fond bleu.**

Ex. : des chemises propres, des chemises usées, etc.

des chemises		propres	trop court
une veste	(*qui est*)	usées	rouges
un manteau	(*qui sont*)	chaude	neufs
des souliers		bleue	
des chaussettes			

Corrigé p. 169 Réussite : /10

195 **Complète en accordant les adjectifs.**

Ex. : Des recettes abondant… ont couvert les frais.
→ Des recettes abondant**es** ont couvert les frais.

Il avait les mains plein… d'encre. • Attention ! Freins puissant… ! • Une vendeuse souriant… m'a servi. • C'est un pompier courag… . • Cette personne est très joyeu… . • Dans ce livre, il y a des exercices varié… . • Il vend de la viande très fraî… . • Ce garçon n'est pas très soign… . • Ce sont des joueurs modeste… . • C'est une affaire important… .

Réussite : /10

196 **Même consigne.**

Le médecin doit faire deux visites urgent… . • Il a planté des arbres fruitier… . • Vous prendrez une route étroit… qui mène vers un très joli… village. • Des enfants maigre… se bousculaient autour de la voiture. • C'est une chatte très curieu… . • Ces valises semblent lourd… . • Il a trouvé toutes les solutions possible… . • La nuit est clair… . • Est-ce que les places sont gratuit… ?

Réussite : /10

197 **Accorde les adjectifs entre parenthèses.**

J'aime la compote peu (*sucré*). • Il habite le long d'une avenue (*bruyant*). • Maman n'aime pas les sports (*violent*). • Nos (*nouveau*) voisines sont (*charmant*). • Quelle (*beau*) pelouse bien (*vert*) ! • Ces buissons sont très (*touffu*). • Les fêtes (*scolaire*) ont toujours un (*grand*) succès. • Le sentier disparaissait sous une (*épais*) végétation.

Réussite : /10

52 accord des adjectifs (2)

Accords en genre et en nombre

Observe

une jupe et une veste bleues
FÉMININ + FÉMININ → FÉMININ PLURIEL

un pantalon et un blouson bleus
MASCULIN + MASCULIN → MASCULIN PLURIEL

un pantalon et une veste bleus
MASCULIN + FÉMININ → MASCULIN PLURIEL

Retiens

- Un adjectif qui se rapporte à plusieurs noms est au pluriel :
  - au féminin pluriel si tous les noms sont féminins ;
  - au masculin pluriel si tous les noms sont masculins ;
  - au masculin pluriel si l'un des noms est masculin.

198 **Écris toutes les expressions possibles en reliant les noms de gauche aux adjectifs sur fond bleu.**

un homme et une femme
un boulanger et un boucher
une mère et une sœur
une voisine et un voisin

gaies
polis
serviables
gentilles
souriantes

Corrigé p. 163 Réussite : /10

199 **Écris toutes les phrases possibles avec les adjectifs suivants, sans changer leur orthographe :**
drôles, passionnants, intéressantes, instructifs.

Ex. : Cette histoire et ce conte sont drôles, etc.

Cette histoire et ce conte sont … .
Ce film et ce roman sont … .
Cette légende et cette histoire sont … .
Cette aventure, ce reportage et cette enquête sont … .

Réussite : /10

53 accord sujet / verbe (1)

Accords en genre et en nombre

Observe

Un animal ne parle pas.

Les animaux ne parlent pas.

Penses-tu qu'ils nous comprennent ?

Retiens

- Le verbe s'accorde toujours avec son sujet. Si le sujet est au singulier, le verbe est au singulier. Si le sujet est au pluriel, le verbe est au pluriel.
- Le sujet d'un verbe peut être séparé du verbe par une négation.
- Le sujet d'un verbe peut être placé après le verbe.

200 **Écris toutes les phrases possibles avec ces sujets et ces verbes.**

Ex. : Elle + ne joue pas → Elle ne joue pas.

Elle	On	ne jou**e** pas.
Il	Ma sœur	ne s'amus**ent** plus.
Elle**s**	**Mes** camarade**s**	ne chant**e** jamais.
Il**s**		

Corrigé p. 163 Réussite : /10

201 **Complète en accordant chaque verbe avec son sujet.**

Ex. : Ils ne signal... pas le danger. → **Ils** ne signal**ent** pas le danger.

Mes frères chant... faux. • De sa chambre, on pouvai... voir la mer. • Les élèves ne bavard... plus. • Le chat attrap... les souris. • Elles ne savai... pas qu'ils avai... apporté des fleurs. • Que vous demand...-ils ? • On ne mang... pas encore. • Ces acteurs jou... bien. • Des trains de banlieue emmèn... les travailleurs à Paris.

Corrigé p. 167 Réussite : /10

202 **Complète en accordant chaque verbe avec son sujet.**

Ces pierres ressembl… à des diamants. • Il n'avai… pas fini. • Ses enfants ne regard… jamais la télévision. • Étai…-elles déjà arrivées ? • Ils couch… dans la même chambre. • Elles ne cour… pas vite. • Ces insectes suc… la sève de la plante. • Les arbres pliai… sous le vent. • Où étai…-il donc passé ? • Tes histoires ne m'amus… pas. Corrigé p. 169 Réussite : /10

203 **Écris toutes les phrases possibles avec ces sujets et ces verbes.**

Chaque chien	Quelques chats	mange.
Toutes les poules	Leur chat	mangent.
Mes chiens	Plusieurs canards	courent.

Réussite : /10

204 **Complète en accordant chaque verbe avec son sujet.**

Les cartes étai… rangées dans le tiroir. • Son chat ne pensai… qu'à dormir. • Des bruits curieux venai… de la vieille maison. • Ils n'écout… jamais la radio. • Les voitures n'avançai… plus. • Elle me demand… d'écrire. • Des ouvriers, engourdis par le froid, travers… la cour. • Quand arriv…-ils ? • Mes sœurs n'aim… pas la musique. • Elle ne dîn… pas tard.

Réussite : /10

205 **Accorde les verbes avec leurs sujets, au présent de l'indicatif.**

Ex. : Elles ne (*manger*) pas de riz. → Elles ne mang**ent** pas de riz.

L'averse nous (*empêcher*) de sortir. • Que (*se raconter*)-ils ? • Ils ne (*protester*) jamais. • De grands rideaux (*décorer*) le salon. • Les branches (*se courber*) sous le poids de la neige. • Ses reproches ne (*se justifier*) pas. • (*Enseigner*)-t-on le chinois dans ce collège ? • (*Se marier*)-ils bientôt ? • Ce canif ne (*couper*) plus. • Elles n' (*avancer*) pas vite. Réussite : /10

206 **Dictée.**

Les enfants courent sur le chemin de l'école. Ils craignent d'être en retard. De temps en temps, le plus rapide se retourne et crie à ses camarades : « Plus vite ! ». Ils franchissent le portail au moment où le directeur souffle dans son sifflet. Ouf ! Ils peuvent se mettre en rang sans se faire remarquer.

54 accord sujet / verbe (2)

Accords en genre et en nombre

Observe

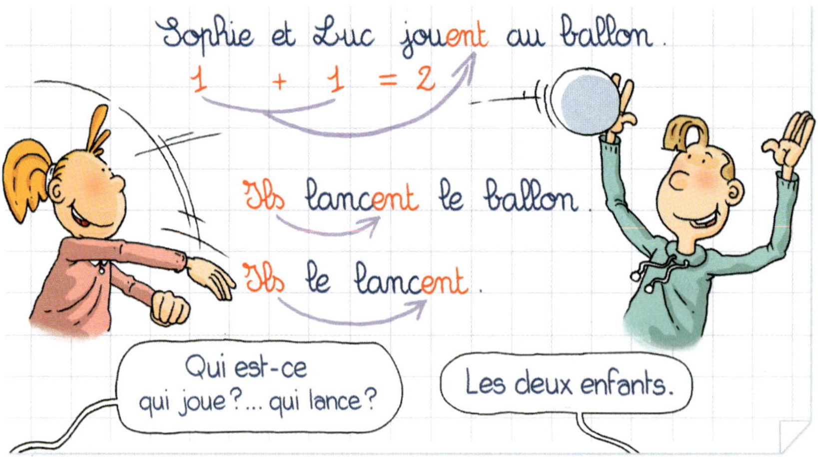

Retiens

- Quand un verbe a deux sujets au singulier, il est au pluriel.
- La place du sujet ne change pas l'accord : le sujet peut être séparé du verbe par un pronom ou par un groupe de mots.

207 **Écris toutes les phrases possibles avec ces sujets et ces verbes.**

Il Elle**s** On	Il**s** Elle	les pos**e**. la pos**e**. les pos**ent**. la pos**ent**.

Corrigé p. 163 Réussite : /10

208 **Complète en accordant chaque verbe.**

Ex. : Maman et papa m'écout.... → Maman et papa m'écout**ent**.

Je leur souhait… un bon voyage. • Les garçons se tenai… en équilibre sur le mur. • Mon camarade riai…. • Pierre et Paul avai… pris leur vélo. • Elle les écout… attentivement. • C'est la lumière qui les attir…. • Les filles repart… à pied. • Elles la regard… en souriant. • La surprise les rendai… muets. • Je les rencontr… chaque matin en allant à l'école.

Corrigé p. 167 Réussite : /10

209 **Complète en accordant chaque verbe.**

Un homme et une femme marchai... devant moi. • Les gens dorm..., fatigués par le voyage. • Ses parents la tenai... par la main. • Sa mère le consol... . • Éric et Franck fêt... leur anniversaire. • Tu le pos... sur la table. • Il les détachai... avec soin. • Les garçons la clou... sur la porte de l'école pour que tous les visiteurs puiss... la lire. • L'enfant et le chien aim... rester ensemble. Corrigé p. 169 Réussite : /10

210 **Écris toutes les phrases possibles avec ces sujets et ces verbes.**

Mon frère	les aim**e**.
Mes amis	la mang**ent**.
Ma sœur	le prépar**ent**.
Le chat	les goût**e**.
Les élèves	

Réussite : /10

211 **Complète en accordant chaque verbe.**

Mon frère et ma sœur jou... ensemble. • Tous les spectateurs portai... une casquette. • Je les chang... quelquefois de place. • Mes parents et ma grand-mère habit... Bordeaux. • Est-ce que je les rinc... à l'eau chaude ? • C'est Arthur qui les délivr... . • On les oblig... à passer par là. • Mon oncle et ma tante part... en vacances ce soir. Je les aid... à préparer leurs bagages. • Certains élèves étai... venus en train. Réussite : /10

212 **Quels sujets peux-tu écrire avant : lui offrent un cadeau ?**

ses parents ; on ; grand-mère et grand-père ; sa tante ; ma grande sœur ; ses camarades de classe ; son meilleur ami ; les voisins du troisième ; le commerçant ; les professeurs.

Réussite : /10

213 **Dictée.**

Les plombs de chasse sont parfois très nombreux dans les étangs. Les canards les avalent. Ils les prennent pour des graines qu'ils aiment beaucoup. Ils en tombent gravement malades. Cette maladie est connue sous le nom de « saturnisme ». Elle peut être mortelle.

55 accord du participe passé avec être

Accords en genre et en nombre

Observe

Sophie est allée au cirque.

Les clowns sont tombés dans l'eau.

C'est elle qui est allée.
Ce sont les clowns qui sont tombés.

être (auxiliaire) + participe passé e / s / es

Retiens

• Le participe passé employé avec l'auxiliaire **être** s'accorde en genre et en nombre avec le sujet du verbe, comme un adjectif. Plus simplement, on cherche *ce qui est...* pour accorder.

214 **Écris toutes les phrases possibles.**

Il est	arrivé**s**.	Mon frère est	parti.
Elle est	arrivé.	Mes frères sont	parti**e**.
Ils sont	arrivé**e**.	Ma sœur est	parti**s**.
Elles sont	arrivé**es**.	Mes sœurs sont	parti**es**.
Julie est		Mes voisins sont	

Corrigé p. 163 Réussite : /10

215 **Souligne les sujets, puis accorde les participes passés.**

Ex. : Les cerises seront récolté**es** demain.

Ces bouquets sont composé... avec soin. • Ma gourde est rempli... de limonade. • Leurs voitures étaient trop chargé... . • Sa maison est situé... au nord du village. • Deux lions ont été capturé... . • Les murs sont soutenu... par d'énormes poutres. • Elle a été mordu... par une vipère. • Une deuxième séance est prévu... demain. • Les récompenses ont été bien mérité... . • Il s'est excusé... .

Corrigé p. 167 Réussite : /10

216 **Complète en accordant les participes passés.**

Elle a été poussé… par sa sœur. • Les enfants ont été privé… de dessert. • Les voleurs seront jugé… demain. • L'électricité est fourni… par un barrage. • Elles seront choisi… parmi les meilleures. •Cet appartement est occupé… . • Les valises ont été oublié… à l'aéroport. • Les baigneurs sont étendu… sur la plage. • Tous les messages seront déchiffré… . • Ces mots sont rayé… .

Corrigé p. 169 Réussite : /10

217 **Écris les dix phrases possibles en utilisant les participes passés sur fond bleu.**

J'étais	Il fut	invité.
Nous serons	Elle a été	invité**e**.
Ils ont été	Tu seras	invité**s**.
Elles avaient été		invité**es**.

Réussite : /10

218 **Complète en accordant les participes passés.**

Les résultats sont multiplié… par trois. • Il est toujours servi… le premier. • Les vieux ordinateurs ont été remplacé… . • Les eaux avaient été troublé… par la tempête. • Les murs sont décoré… avec des dessins. • L'arbitre a été blessé… pendant le match. • Cette huile est utilisé… pour les voitures de course. • Les coureurs sont signalé… près du col. • Les cartons seront jeté… . • Elle est couché… depuis hier. Réussite : /10

219 **Écris des phrases avec venu, venue, venus ou venues.**

Ex. : les gens… → Les gens **sont venus**.

le garagiste… ; des artistes… ; les danseuses… ; Claire et Anne… ; une étudiante… ; le directeur… ; Paul et Lucie… ; Julie et Marc… ; des débutants… ; des paysans…. Réussite : /10

220 **Dictée.**

Quand ma sœur fut lavée, habillée, coiffée et parfumée, il était onze heures. Nous étions en retard pour le mariage. Nos parents étaient déjà partis en voiture. Et mes chaussures n'étaient pas cirées ! Heureusement, mon oncle et ma tante sont venus nous chercher. Nous étions sauvés !

56 accord du participe passé avec être et avoir

Accords en genre et en nombre

Observe

Retiens

- Le participe passé employé avec l'auxiliaire **être** s'accorde en genre et en nombre avec le sujet du verbe : *Sophie est allée…*
- Le participe passé employé avec l'auxiliaire **avoir** ne s'accorde jamais avec le sujet du verbe : *Sophie a visité…*

221 **Écris toutes les phrases possibles.**

Elle avait	arrêtée.	distribués.
Elle était	téléphoné.	abandonné.
Ils ont	revenue.	soignés.
Ils sont	cherché.	

Corrigé p. 163 Réussite : /10

222 **Accorde les participes passés, si c'est nécessaire.**

Les scouts *sont* arrivé… hier soir.
Les scouts *ont* campé… dans le pré.
Nous *sommes* resté… en panne.
Nous *avons* poussé… la voiture.
Il *a* couru… trop vite.
Il *est* tombé… .
Elle *est* parti… à midi.
Elle *a* oublié… son livre.
Ces tentes *sont* utilisé… par des réfugiés.
Ces tentes *ont* abrité… des réfugiés.

Corrigé p. 167 Réussite : /10

223 **Écris toutes les phrases possibles avec ces sujets et ces verbes.**

Les feuilles
Le placard
L'armoire
Les dossiers

est fermé.	est rangée.
sont classés.	sont rangées.
sont classées.	sont rangés.
a servi.	ont disparu.

Réussite : /10

224 **Accorde les participes passés, si c'est nécessaire.**

L'infirmière *a* secouru… les blessés.
Les blessés *sont* secouru… .

Deux lapins *sont* sorti… du chapeau.
Deux lapins *ont* surgi… du chapeau.

Cette chemise *est* mal plié… .
Véronique *a* mal plié… cette chemise.

La machine *a* creusé… une tranchée.
La tranchée *a été* creusé… à la machine.

Les fleurs *sont* protégé… du vent par le mur.
Le mur *a* protégé… les fleurs.

Réussite : /10

225 **Souligne l'auxiliaire avoir ou être, puis accorde le participe passé si c'est nécessaire.**

Ex. : Ses outils n'ont servi… à rien. → Ses outils n'<u>ont</u> servi**i** à rien.

Elle a coupé… les cheveux de son frère. • Les manèges ont tourné… malgré la pluie. • Les montres seront réglé… avant le départ. • Ses congés sont prévu… en août. • Laura est apprécié… pour sa gentillesse. • Deux lézards sont caché… dans cette fente du mur. • Une place vous a été attribué… . • Sa fièvre a baissé… pendant la nuit. • Des feuilles avaient bouché… la grille. • Les boissons seront distribué… gratuitement.

Réussite : /10

226 **Dictée**

Depuis un moment, les chats attendaient devant la maison. Peu à peu, ils s'étaient approchés de la fenêtre ouverte. Deux d'entre eux avaient même sauté sur le rebord. Les fillettes avaient terminé leur repas et des morceaux de poulet étaient restés dans les assiettes… Les chats sautèrent dans la pièce. En deux minutes, ils avaient léché tous les plats !

57 accord du participe passé sans auxiliaire

Accords en genre et en nombre

Observe

Fatiguée par la course, Sophie se repose.
Ses chats ronronnent, blottis sur ses genoux.

Retiens

- Le participe passé employé sans auxiliaire s'accorde comme un adjectif, avec le nom ou le pronom auquel il se rapporte.

227 **Accorde les participes passés. Écris seulement le participe passé et le nom (ou le pronom) auquel il se rapporte.**

Ex. : Une fois réparé…, la voiture repartit. → réparée, la voiture.

Rincé… avec soin, la laine est plus belle. • La lettre, signé… par tous, partira ce soir. • Les opérations, vérifié… à la machine, sont exactes. • Logé… chez nous, ils étaient à l'abri. • Elles bavardaient, assis… sur un banc. • Ils s'installèrent ici, ruiné… par la guerre. • Servi… à midi, les repas sont rapides. • Faute avoué…, faute à moitié pardonné… . • La caravane, bien chauffé…, sera habitée cet hiver. Corrigé p. 163 Réussite : /10

228 **Même consigne.**

Troublé…, elle ne dit rien. • Séparé… par une cloison, les chambres sont petites. • Indigné…, les gens sifflent. • Il sort la carafe rempli… d'eau. • Situé… au pied des pistes, la ville attire les touristes. • Ces rosiers, abrité… du vent, donnent de belles fleurs. • Très affaibli…, elle se repose. • Attiré… par le bruit, ils descendirent. • Cette terre, bien bêché…, produira davantage. • Le chaton, amusé…, bondit. Réussite : /10

58 accord du participe passé avec avoir

Accords en genre et en nombre

Règles

Observe

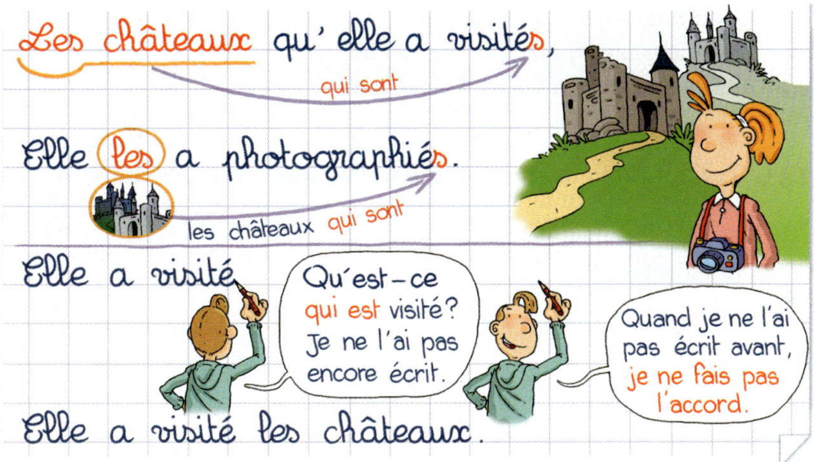

Retiens

- Le participe passé employé avec l'auxiliaire **avoir** s'accorde avec *ce qui est…* si la réponse a été écrite avant le participe passé.

229 **Trace toutes les flèches possibles, puis écris les membres de phrases que tu as obtenus.**

Ex. : l'histoire que maman a lu**e**.

l'histoire →		
les livres	→ que maman a →	lu
le livre	*(qui est)*	→ lu**e**
le journal	*(qui sont)*	lu**s**
les journaux		lu**es**
les revues		

Corrigé p. 163 Réussite : /10

230 **Tous ces participes passés sont employés avec l'auxiliaire avoir. Cherche « ce qui est… » pour les accorder.**

Ex. : la truite qu'il a pêché… → pêché**e** (c'est la truite *qui est* pêché**e**).

les gâteaux qu'il a distribué…

la lettre qu'il a mis… à la poste

la tranchée que nous avons creusé…

la faute qu'on a pardonné…

le paquet qu'elle a pesé…
la recette que tu as noté…
le cri qu'ils ont entendu…
les images que j'ai comparé…
les messages qu'ils avaient déchiffré…
les gens que ma voisine a prévenu…

Corrigé p. 167 Réussite : /10

231 **Trace toutes les flèches possibles, puis écris les membres de phrases que tu as obtenus.**

Ex. : la fourchette qu'il a lavé**e**.

la fourchette		
les assiettes	qu'il a	lavé
les verres	(*qui est*)	lavé**e**
le plat	(*qui sont*)	lavé**s**
la casserole		lavé**es**
la poêle		

Réussite : /10

232 **Complète les participes passés. Cherche toujours « ce qui est… » et vérifie bien la place des mots dans la phrase.**

Tu expédieras les paquets que j'ai préparé… .
Ma sœur a posé… son cartable sur le divan.
J'admire les cadeaux que j'ai reçu… .
Jette les os que le chien a rongé… .
Tous les journaux ont annoncé… leur victoire.
C'est la voiture qu'on a doublé… tout à l'heure.
Ses collègues avaient décidé… de fêter son départ.
Les champignons qu'on a ramassé… sont sur la table.
Il signe les lettres que la secrétaire a tapé… .
Elle a bu… du sirop de menthe.

Réussite : /10

233 **Dictée.**

Christophe a pris une éponge dans la baignoire et il me l'a jetée à la figure ! J'ai riposté, et il y a eu une belle bataille d'éponges ! La salle de bains était inondée. Le chien sautait partout et aboyait à pleine voix. Heureusement que maman n'était pas là, sans quoi, qu'est-ce que nous aurions pris ! Finalement, nous avons tout épongé avec les serviettes de toilette.

59 l'infinitif et la personne

Formes verbales

Observe

Le chat voit la souris. Il bondit : elle se sauve !

Il s'agit de quoi faire ?

de voir
de bondir
de se sauver

L'INFINITIF

Qui fait ces actions ?

le chat → il
la souris → elle

LA PERSONNE

je - tu - il, elle, on - nous - vous - ils, elles

Retiens

- Quand on écrit un verbe, il faut penser à son infinitif et à la personne à laquelle il est conjugué :
  – au singulier : *je* (1re pers.), *tu* (2e pers.), *il*, *elle* ou *on* (3e pers.) ;
  – au pluriel : *nous* (1re pers.), *vous* (2e pers.), *ils* ou *elles* (3e pers.).

234 Complète ces verbes à l'infinitif.

voul… un jouet, mang… un gâteau, prend… le train, fin… son travail, sort… le soir, cour… vite, trouv… une solution, écri… une lettre, recev… des amis, répond… au téléphone.

Corrigé p. 163 Réussite : /10

235 Écris l'infinitif des verbes en *italique*.

Il *va* souvent à la pêche. • Nous nous *apercevons* qu'il est là. • Elle *vient* d'arriver. • Je *saurai* faire ce problème. • Est-ce que tu *seras* prêt à huit heures ? • Ils *mettent* les chevaux à l'écurie. • Je n'*ai* pas envie de partir. • On *éteindra* les bougies. • Vous *dormirez* dans la voiture. • *Peux*-tu me prêter ta règle ?

Réussite : /10

236 Lis les phrases de l'exercice 235 et dis à quelle personne chaque verbe est conjugué, en t'aidant de l'exemple suivant.

Ex. : Elle a découvert un trésor. → elle, 3e personne du singulier.

Réussite : /10

60 le temps

Observe

Retiens

- Quand on écrit un verbe, il faut savoir à quel temps il est conjugué :
  - si l'action se passe *en ce moment*, le verbe est au **présent** ;
  - si l'action *a déjà eu lieu*, le verbe est à un temps du **passé** ;
  - si l'action aura lieu *plus tard*, le verbe est au **futur**.

237 **Pour chaque phrase, indique si l'action a lieu dans le passé, dans le présent ou dans le futur.**

Autrefois, on lavait la lessive à la main. • Demain, on se procurera une carte. • L'an prochain, je t'offrirai un bracelet. • Hier, il a veillé très tard. • Mardi dernier, elle était entourée d'admirateurs. • Je chante en travaillant. • Il sera protégé par la police. • Il est parti vers sept heures. • La Fontaine écrivit au XVIIe siècle. • Il dessine bien. Corrigé p. 163 Réussite : /10

238 **Même consigne.**

Le vendeur lui fera une réduction. • On entendit un terrible craquement. • Des curieux veulent le rencontrer. • Ils se marièrent en 1987. • Vous déchargerez le camion ce soir. • Ce local abritera le service informatique. • Le boucher découpe la viande. • Il avait répondu au téléphone. • Les habitants se réfugieront dans les montagnes. • Elle proteste parce que sa voiture est en panne. Réussite : /10

61 avoir / être

Formes verbales

Observe

AVOIR		ÊTRE
j'ai je n'ai pas ai-je ?	tu es tu n'es pas es-tu ?	il est elle n'est pas est-on ?
1re personne du singulier	2e personne du singulier	3e personne du singulier

Retiens

- **ai**, **es**, **est** sont des verbes conjugués au présent de l'indicatif.
  - **ai**, c'est le verbe *avoir* à la 1re personne du singulier.
  - **es**, **est**, c'est le verbe *être* aux 2e et 3e personnes du singulier.

239 Écris l'expression formée avec être ou avoir.

Ex. : Il n'est pas là. → **être** là. • J'ai travaillé. → **avoir** travaillé.

Cette histoire est amusante. • J'ai rampé sous la table. • Son frère est blond. • Tu n'es pas à l'heure. • Je n'ai pas vérifié l'opération. • Il n'est pas très courageux. • J'ai posé les clés sur la table. • Cet homme est distrait. • Elle est très aimable. • Je n'ai plus assez d'argent. Corrigé p. 163 Réussite : /10

240 Complète par ai, es ou est.

Ce paquet … très lourd. • J'… élevé un lapin au biberon. • Tu n'… pas très soigneux. • Je n'… pas écrit ce poème. • …-il souvent en retard ? • Antoine … ravi de ses résultats. • Je n'… jamais vu de chouette. • Le film que j'… regardé n'… pas difficile à comprendre. • Christophe … généreux. Réussite : /10

241 Dans un livre ou dans une revue, trouve trois phrases qui contiennent est, puis deux phrases qui contiennent ai.

Réussite : /10

62 verbes fondamentaux au présent de l'indicatif

Formes verbales

Observe et Retiens

avoir	pouvoir	vouloir
j' ai tu as il a nous avons vous avez ils ont	je peux tu peux il peut nous pouvons vous pouvez ils peuvent	je veux tu veux il veut nous voulons vous voulez ils veulent
être	**faire**	**dire**
je suis tu es il est nous sommes vous **êtes** ils sont	je fais tu fais il fait nous faisons vous **faites** ils font	je dis tu dis il dit nous disons vous **dites** ils disent
voir	**prendre**	**venir**
je vois tu vois il voit nous voyons vous voyez ils voient	je prends tu prends il prend nous prenons vous prenez ils prennent	je viens tu viens il vient nous venons vous venez ils viennent
savoir	**mettre**	**aller**
je sais tu sais il sait nous savons vous savez ils savent	je mets tu mets il met nous mettons vous mettez ils mettent	je vais tu vas il va nous allons vous allez ils vont

242 **Écris ces verbes à la 1re personne du singulier (je) et à la 3e personne du singulier (il, elle ou on) du présent de l'indicatif.**

Ex. : prendre modèle → je prends modèle, elle prend modèle.

faire le lit
venir souvent
mettre un cadenas
être drôle
voir le danger

Corrigé p. 164 Réussite : /10

243 **Écris ces verbes à la deuxième personne du singulier (tu) et du pluriel (vous) du présent de l'indicatif.**

savoir lire, vouloir un jeu, avoir des dettes, prendre l'air, aller à reculons. Corrigé p. 167 Réussite : /10

244 **Écris les verbes entre parenthèses au présent de l'indicatif, à la personne qui convient.**

Je (*comprendre*) bien la consigne de l'exercice. • Vous (*refaire*) la peinture des volets ? • Tu (*être*) charmant. • Nous (*devenir*) raisonnables. • Je (*pouvoir*) arriver en avance. • Elle (*aller*) jouer le rôle d'une paysanne. • Les lions (*avoir*) une crinière. • Je (*promettre*) de ne pas bouger. • Vous (*redire*) encore la même chose ! • Ils (*revoir*) leurs amis de Grenoble. Réussite : /10

245 **Réponds en t'aidant du tableau des verbes page ci-contre.**

1. Trois verbes ne se terminent pas par **-ez** à la 2e personne du pluriel. Lesquels ?
2. Quel verbe a un **y** dans sa conjugaison ?
3. Quels sont les verbes qui se terminent par **-ont** à la 3e personne du pluriel ?
4. Trois verbes ont une double consonne dans leur conjugaison, mais pas dans leur infinitif. Lesquels ?
5. Trois verbes n'ont pas **-t** comme terminaison de la 3e personne du singulier. Lesquels ? Réussite : /10

246 **Dictée.**

Gaston est propriétaire. Ses locataires lui en font voir de toutes les couleurs et il en devient fou ! Yves va sur la pelouse avec son chien. Juliette met des pots de fleurs en équilibre sur le rebord de sa fenêtre. Georges fait du bruit en jouant de la trompette la nuit.

De temps en temps, Gaston se met en colère :

– Vous me faites prendre des cheveux blancs !

– Mais non, disent les locataires. Vous êtes chauve ! Et nous sommes des gens adorables !

63 présent de l'indicatif (1)

Observe

	1er groupe verbes terminés par -er	verbes terminés par -ir, -oir, -re
je	-e	-s
tu	-es	-s
il, elle, on	-e	-t
nous	-ons	
vous	-ez	
ils, elles	-ent	

⚠ Verbes du 2e groupe : nous -issons, vous -issez, ils -issent.

Retiens

- Les terminaisons du présent de l'indicatif aux trois personnes du singulier dépendent de l'infinitif du verbe :
  - -e, -es, -e pour les verbes terminés par -er ;
  - -s, -s, -t pour les verbes terminés par -ir, -oir, -re.
- Au pluriel, les terminaisons sont toujours : -ons, -ez, -ent.

247 **Pour chaque verbe, écris toutes les personnes possibles.**

Ex. : … circule → je circule ; il, elle, on circule.

… nages, … dorment, … réfléchit, … soupire.

Corrigé p. 164 Réussite : /10

248 **Même consigne.**

… creusent des trous, … boutonne sa veste, … sembles fatigué, … prévoit le temps. Corrigé p. 167 Réussite : /10

249 **Complète par e ou s.**

je m'instrui…	j'écri…	j'arriv…
j'oubli…	je class…	je m'enfui…
je rinc…	je cour…	j'appui…
je défai…		

Corrigé p. 169 Réussite : /10

250 **Complète par e ou t.**

il camp…
elle choisi…
on te remerci…
elle se justifi…
il obéi…
on se réjoui…
elle jauni…
on aperçoi…
il éternu…
on revien…

Corrigé p. 170 Réussite : /10

251 **Complète les verbes au présent de l'indicatif.**

Ex. : Est-ce que tu essui… la vaisselle ?
→ Est-ce que tu essui**es** la vaisselle ?

On construi… un nouvel immeuble. • Je vérifi… le réglage du moteur. • Il soutien… son camarade. • Elle désobéi… souvent. • Cette usine fourni… beaucoup d'électricité. • Tu multipli… ce nombre par 35. • Il oubli… toujours d'écrire à ses copains. • Elles graviss… un rocher dangereux. • Nous cour… très vite. • L'ouragan détrui… tout sur son passage.

Réussite : /10

252 **Complète par e, s ou t.**

Je rougi… de timidité.
On bondi… de joie.
Il sen… très bon.
Elle s'évanoui… .
On étudi… l'anglais.
On se mari… bientôt.
Elle voi… bien la nuit.
Je clou… une caisse.
Il avou… ses défauts.
On rempli… les verres.

Réussite : /10

253 **Complète au présent de l'indicatif.**

Le facteur distribu… le courrier. • Je continu… mon chemin. • Tu pli… très bien ton pantalon. • Nous habit… ce logement. • On lou… des skis. • Le pâtissier garni… le gâteau de fruits confits. • Il clou… des planches. • Nous fini… nos devoirs. • Vous frapp… à la porte. • Il guéri… lentement.

Réussite : /10

254 **Dictée.**

Le bateau plonge tout à coup dans le courant. Mistouflette s'est bien calée. Les deux jambes en avant, les mains sur les bords, elle se laisse emporter. Elle aime, au moment où le bateau pique du nez, sentir un petit pincement au creux de son estomac. Cela lui rappelle le grand huit qui vient une fois par an au village, pour la fête foraine.

64 présent de l'indicatif (2)

Formes verbales

Observe

En ce moment, je le veux, je l'atteins, je le prends.

	Verbes terminés par -ir, -oir, -re + -oindre, -eindre, -aindre	Autres verbes terminés par -dre	pouvoir vouloir valoir
je	– s	– ds	– x
tu	– s	– ds	– x
il, elle, on	– t	– d	– t
nous		– ons	
vous		– ez	
ils, elles		– ent	

Retiens

- Les terminaisons du présent de l'indicatif aux trois personnes du singulier dépendent de l'infinitif du verbe :
  - **-s**, **-s**, **-t** pour les verbes terminés par **-ir**, **-oir**, **-re** ;
  - **-s**, **-s**, **-t** pour les verbes terminés par **-indre** et **-ds**, **-ds**, **-d** pour les autres verbes terminés par **-dre**.
  - **-x**, **-x**, **-t** pour les verbes *pouvoir, vouloir, valoir*.

255 **Complète par s ou ds.**

Je pe**in**… une chaise.
Je compren… le problème.
Je ven… des timbres.
Je rejo**in**… mes copains.
Je cra**in**… le froid.
J'appren… une poésie.
Je te ren… ce livre.
J'éte**in**… les lumières.
Je cou… un bouton.
Je ten… la ficelle.

Corrigé p. 164 Réussite : /10

256 **Complète par t ou d.**

Il se pla**in**… souvent.
Elle ton… le gazon.
On atten… l'autobus.
Elle atte**in**… l'étagère.
Il me surpren… .
On te**in**… des vêtements.
Elle descen… au terminus.
Il repe**in**… la rampe.
On enten… la sirène.
Elle cra**in**… l'humidité.

Corrigé p. 167 Réussite : /10

257 **Écris les verbes entre parenthèses au présent de l'indicatif.**

Ex. : Est-ce que tu (*pouvoir*) grimper seul ?
→ Est-ce que tu **peux** grimper seul ?

Tu (*répondre*) toujours aux questions. • Notre voisin (*tondre*) sa pelouse le samedi. • Je (*vouloir*) tous vous entendre chanter. • On (*se plaindre*) du bruit. • Est-ce que tu (*reprendre*) de ce délicieux rôti ? • Cette montagne (*atteindre*) 7000 mètres. • Le président du club (*défendre*) son équipe. • Je crois qu'il (*perdre*) l'esprit ! • Il me semble que j' (*entendre*) des craquements. • Tu (*confondre*) le passé simple et l'imparfait.

Corrigé p. 169 Réussite : /10

258 **Classe ces verbes en trois groupes selon leurs terminaisons au présent de l'indicatif.**

comparer, transporter, vendre, peindre, obtenir, se plaindre, détacher, apprendre, se distraire, fendre, recevoir, comprendre, manquer, courir, défendre, gronder, sourire, délivrer, suspendre, s'instruire. Réussite : /10

259 **Écris les verbes entre parenthèses au présent de l'indicatif.**

Ex. : La glace (*fondre*) très vite au soleil.
→ La glace **fond** très vite au soleil.

La lumière du parc (*s'éteindre*) à minuit. • Cette poule (*pondre*) un œuf par jour. • Ce palmier (*craindre*) le gel. • On (*attendre*) des informations. • Un chien bien dressé ne (*mordre*) pas. • Je te (*rejoindre*) dans un instant. • Le médecin (*recoudre*) la plaie après avoir fait une piqûre au blessé. • Je (*repeindre*) mon bateau. • Est-ce que vous (*revendre*) votre voiture ? • On dit que tu (*tordre*) une barre de fer facilement.

Réussite : /10

260 **Dictée.**

Papa se met à quatre pattes dans le bateau et lance sa ligne. Après une longue attente, il murmure :
– Je sens que ça mord. Ne bougez pas.
Il tire des mètres et des mètres de ligne, et un petit poisson sort de l'eau.
– Une morue, annonce papa. Elle n'est pas bien grosse, mais avec beaucoup de pommes de terre, cela fera un bon repas !

65 verbes fondamentaux à l'imparfait de l'indicatif

Formes verbales

Observe

avoir	être	faire
j' avais tu avais il avait nous avions vous aviez ils avaient	j' étais tu étais il était nous étions vous étiez ils étaient	je faisais tu faisais il faisait nous faisions vous faisiez ils faisaient
pouvoir	**aller**	**voir**
je pouvais tu pouvais il pouvait nous pouvions vous pouviez ils pouvaient	j' allais tu allais il allait nous allions vous alliez ils allaient	je voyais tu voyais il voyait nous voyions vous voyiez ils voyaient
tenir	**prendre**	**courir**
je tenais tu tenais il tenait nous tenions vous teniez ils tenaient	je prenais tu prenais il prenait nous prenions vous preniez ils prenaient	je courais tu courais il courait nous courions vous couriez ils couraient
dire	**venir**	**savoir**
je disais tu disais il disait nous disions vous disiez ils disaient	je venais tu venais il venait nous venions vous veniez ils venaient	je savais tu savais il savait nous savions vous saviez ils savaient

Retiens

- Les terminaisons de l'imparfait de l'indicatif sont les mêmes pour tous les verbes : **-ais**, **-ais**, **-ait**, **-ions**, **-iez**, **-aient**.

261 **Écris les verbes suivants à l'imparfait, à la 3e personne du singulier (il, elle ou on) et à la 3e personne du pluriel (ils ou elles).**

Ex. : savoir la leçon → on savait la leçon ; elles savaient la leçon.

Autrefois… être capable, avoir du courage, courir vite, tenir la laisse du chien, faire semblant. Corrigé p. 164 Réussite : /10

262 **Écris les verbes suivants à l'imparfait, à la deuxième personne du singulier (tu) et du pluriel (vous).**

En ce temps-là… pouvoir dessiner, aller au marché, voir ses cousins, prendre un parapluie, parcourir le monde.

Corrigé p. 167 Réussite : /10

263 **Écris les verbes entre parenthèses à l'imparfait de l'indicatif, à la personne qui convient.**

Ex. : Elle leur (*dire*) l'avenir. → Elle leur **disait** l'avenir.

Pour chaque voyage, tu (*prévoir*) tout soigneusement. • Ils ne (*savoir*) jamais où il avait laissé ses clés. • Nous (*apprendre*) des poèmes très courts. • Autrefois, elle (*pouvoir*) sucer son pouce. • Ils (*s'en aller*) dans la forêt et (*revenir*) à la tombée de la nuit. • Ce tonneau (*contenir*) du vin de Bordeaux. • Je les (*surprendre*) toujours avec ce tour de magie. • Les marchands (*venir*) en fin de semaine pour la foire. • Elles ne (*refaire*) jamais deux fois la même chose. Réussite : /10

264 **Réponds à ces questions sur l'imparfait en t'aidant du tableau des verbes page ci-contre.**

1. La terminaison de la 1re personne du pluriel est-elle toujours la même ?
2. Quelle est la 3e personne du singulier du verbe *prendre* ?
3. Quel verbe ne se prononce pas exactement comme il s'écrit ?
4. Comment s'écrit la 1re pers. du singulier du verbe *courir* ?
5. Si j'écris « *vous voyez* », ai-je écrit la 2e personne du pluriel du verbe *voir* à l'imparfait ? Pourquoi ? Réussite : /10

265 **Dictée.**

Alexandre triait le courrier pour préparer sa distribution. Ce travail durait longtemps, car il lisait les journaux et flairait les lettres pour en deviner le contenu. Il en ouvrait quelques-unes, par-ci, par-là. Il n'y mettait pas de malice. Il estimait simplement que c'était son devoir de facteur de connaître la vie du village et de dénicher le courrier porteur de mauvaises nouvelles. Alors, il le jetait dans la cheminée.

66 imparfait de l'indicatif

Formes verbales

Observe

> Autrefois, souvent, hier,
> je me baignais, on plongeait, il avançait…

je	—ais
tu	—ais
il, elle, on	—ait
nous	—ions
vous	—iez
ils, elles	—aient

⚠

V—ger		V—cer	
je, tu	—geais	je, tu	—çais
il, elle, on	—geait	il, elle, on	—çait
ils, elles	—geaient	ils, elles	—çaient

Retiens

À l'imparfait de l'indicatif :

- les verbes terminés à l'infinitif par **-ger** s'écrivent **-ge-** quand la terminaison commence par un **a** : *je plongeais* ;
- les verbes terminés à l'infinitif par **-cer** s'écrivent **-ç-** quand la terminaison commence par un **a** : *j'avançais.*

266 **Complète à l'imparfait de l'indicatif.**

Hier, je ri… tout seul.
on nag… ensemble.
il commenc… à pleuvoir.
nous boug… sans arrêt.
elles avanc… lentement.
je plong… souvent.
elle se coiff… en arrière.
on désobéiss… rarement.
tu rinc… les verres.
ils chang… de tricot.

Corrigé p. 164 Réussite : /10

267 **Même consigne.**

L'an dernier, elle effac… le tableau ; il plac… toujours ses pions de façon à gagner ; ils charg… des camions ; il neig… souvent ; elle étudi… la vie des abeilles ; vous surpren… vos camarades ; elles se repos… ; elle log… dans un studio ; nous mang… souvent des crêpes ; elles rang… leurs affaires. Réussite : /10

67 verbes fondamentaux au futur de l'indicatif

Observe

avoir	aller	donner
j' aurai	j' irai	je donnerai
tu auras	tu iras	tu donneras
il aura	il ira	il donnera
nous aurons	nous irons	nous donnerons
vous aurez	vous irez	vous donnerez
ils auront	ils iront	ils donneront
être	**faire**	**savoir**
je serai	je ferai	je saurai
tu seras	tu feras	tu sauras
il sera	il fera	il saura
nous serons	nous ferons	nous saurons
vous serez	vous ferez	vous saurez
ils seront	ils feront	ils sauront
cueillir	**venir**	**prendre**
je cueillerai	je viendrai	je prendrai
tu cueilleras	tu viendras	tu prendras
il cueillera	il viendra	il prendra
nous cueillerons	nous viendrons	nous prendrons
vous cueillerez	vous viendrez	vous prendrez
ils cueilleront	ils viendront	ils prendront
pouvoir	**courir**	**voir**
je pourrai	je courrai	je verrai
tu pourras	tu courras	tu verras
il pourra	il courra	il verra
nous pourrons	nous courrons	nous verrons
vous pourrez	vous courrez	vous verrez
ils pourront	ils courront	ils verront

Retiens

- Les terminaisons du futur de l'indicatif sont les mêmes pour tous les verbes : **-rai**, **-ras**, **-ra**, **-rons**, **-rez**, **-ront**.

268 **Écris ces verbes au futur, à la 3e personne du singulier (il, elle ou on) et du pluriel (ils ou elles).**

Plus tard… savoir conduire, être enseignant, donner son avis, pouvoir travailler, avoir un bon métier.

Corrigé p. 164 Réussite : /10

269 **Écris ces verbes au futur, à la 1re personne du singulier (je) et du pluriel (nous).**

Plus tard… aller en Italie, courir comme un lièvre, cueillir des fleurs, faire des achats, prendre des photos.

Corrigé p. 167 Réussite : /10

270 **Écris les verbes entre parenthèses au futur de l'indicatif, à la personne qui convient.**

Ex. : Nous (*être*) en avance. → Nous **serons** en avance.

L'an prochain, il (*parcourir*) l'Europe à bicyclette. • On pense que tu (*arriver*) par le train de dix heures. • Nous nous (*revoir*) bientôt. • Ces petits cadeaux (*satisfaire*) tout le monde. • Ils (*s'en aller*) quand il y (*avoir*) moins de circulation. • On vous (*accueillir*) avec plaisir. • Crois-tu qu'elle me (*pardonner*) si je suis franche avec elle ? • Mangez et vous (*reprendre*) des forces ! • (*Revenir*)-vous l'été prochain ? Réussite : /10

271 **Réponds à ces questions sur le futur en t'aidant du tableau des verbes page 111.**

1. L'infinitif de « *ils seront* » est-il *être* ou *avoir* ?
2. Quelle est la 3e personne du singulier du verbe *cueillir* ?
3. Deux verbes ont **av** dans leur infinitif et **au** quand on les conjugue au futur. Écris ces deux verbes.
4. Que devient le **ai** de l'infinitif *faire* au futur ?
5. Trois verbes du tableau ont **deux r** au futur. Écris-les à la 1re personne du singulier. Réussite : /10

272 **Dictée.**

Assis sur un mur qui dominait la mare, François rêvait en regardant trois canards plonger leur bec dans la vase : « Quand je serai grand, j'aurai des canards. Ils feront des petits, je ferai du foie gras et je le vendrai. Avec l'argent, je pourrai m'acheter un bateau. J'irai sur la mer et je parcourrai le monde… ». Il pensa aux océans, aux vagues, et tomba du mur, le nez dans la vase, au milieu des canards !

68 futur de l'indicatif

Formes verbales

Observe

je	–rai
tu	–ras
il, elle, on	–ra
nous	–rons
vous	–rez
ils, elles	–ront

⚠ Bien garder l'infinitif entier pour les verbes en –er : je chanterai, je jouerai

⚠ rr pour ces verbes :

pouvoir → je pourrai
voir → je verrai
envoyer → j'enverrai
courir → je courrai
mourir → je mourrai

Retiens

- Les verbes réguliers terminés par **-er** ou par **-ir** gardent l'infinitif entier dans la conjugaison : *je téléphonerai, je finirai.*
- *Pouvoir, voir, envoyer, courir, mourir* s'écrivent avec **deux r** au futur.

273 Complète au futur de l'indicatif.

Ex. : Demain, il apport… ses raquettes pour le tournoi.
→ Demain, il apport**era** ses raquettes pour le tournoi.

Demain, on téléphon… .
je jou… aux cartes.
je m'appliqu… .
on s'amus… tous.
tu ne te sali… pas.
ils goût… ma tarte.
vous regard… le film.
elle choisi… une jupe.
elle s'habitu… au froid.
il condui… plus lentement.

Corrigé p. 164 Réussite : /10

274 Même consigne.

La semaine prochaine, on lui enver… un colis ; nous nous réfugi… dans notre cabane ; il copi… ses récitations ; je tu… les guêpes ; tu ne menti… pas ; nous boug… moins ; vous mour… de rire en l'écoutant ; je vérifi… mes opérations ; ils se mari… ; elle se parfum… .

Réussite : /10

69 verbes fondamentaux au passé composé

Formes verbales

Observe

avoir	être	aller
j' ai eu tu as eu il a eu nous avons eu vous avez eu ils ont eu	j' ai été tu as été il a été nous avons été vous avez été ils ont été	je suis allé tu es allé il est allé nous sommes allés vous êtes allés ils sont allés
finir	**mettre**	**prendre**
j' ai fini tu as fini il a fini nous avons fini vous avez fini ils ont fini	j' ai mis tu as mis il a mis nous avons mis vous avez mis ils ont mis	j' ai pris tu as pris il a pris nous avons pris vous avez pris ils ont pris
pouvoir	**savoir**	**venir**
j' ai pu tu as pu il a pu nous avons pu vous avez pu ils ont pu	j' ai su tu as su il a su nous avons su vous avez su ils ont su	je suis venu tu es venu il est venu nous sommes venus vous êtes venus ils sont venus
dire	**écrire**	**faire**
j' ai dit tu as dit il a dit nous avons dit vous avez dit ils ont dit	j' ai écrit tu as écrit il a écrit nous avons écrit vous avez écrit ils ont écrit	j' ai fait tu as fait il a fait nous avons fait vous avez fait ils ont fait

Retiens

- Le passé composé d'un verbe est formé d'un auxiliaire (avoir ou être) au présent de l'indicatif, suivi du participe passé du verbe.

275 **Écris les verbes suivants au passé composé, à la 1re personne du singulier (je) et à la 3e personne du singulier (il, elle ou on).**

La semaine passée… finir le dessin, aller trop vite, dire la vérité, faire le ménage, avoir peur. Corrigé p. 164 Réussite : /10

276 **Écris les verbes suivants au passé composé, à la 2e personne du singulier (tu) et du pluriel (vous).**

Hier… mettre une veste, être heureux, prendre un stylo, pouvoir partir, surprendre ses amis. Corrigé p. 167 Réussite : /10

277 **Écris les verbes entre parenthèses au passé composé, à la personne qui convient.**

Ex. : Elle (*reprendre*) deux fois du dessert.
→ Elle **a repris** deux fois du dessert.

On nous (*permettre*) de rester à l'extérieur. • Ils (*aller*) au stade voir la finale. • Nous (*être*) nombreux à lui manifester notre joie. • Est-ce que vous (*comprendre*) ce qu'il voulait dire ? • Tu (*arriver*) en avance, aujourd'hui ! • Ma tante (*grossir*) depuis son mariage. • On lui (*promettre*) un cadeau. • Est-ce que tu (*apprendre*) la récitation ? • Vous (*refaire*) trois fois l'opération ? • Ma cousine (*avoir*) neuf ans la semaine dernière.

Réussite : /10

278 **Réponds en t'aidant du tableau des verbes page ci-contre.**

1. Quels verbes du tableau sont conjugués avec l'auxiliaire *être* ?
2. Quel verbe a pour participe passé « *été* » ?
3. Quelle est la 3e personne du singulier du verbe faire au passé composé ?
4. Écris les cinq participes passés qui se terminent toujours par une lettre muette, ainsi que leurs infinitifs.
5. Le participe passé du verbe *pouvoir* se termine-t-il par une lettre muette ?

Réussite : /10

279 **Écris ces phrases en mettant les verbes au passé composé.**

Ex. : Il **pleut** sans arrêt. → Il **a plu** sans arrêt.

Les enfants font des découpages. • Sophie met sa bague dans un coffret. • Ma sœur a un microscope qui grossit mille fois. • Lucile fait des grimaces à son frère. • Nous allons à l'opéra. • Vous finissez par obtenir une réduction ! • Tu es distrait. • Cette personne sait soigner les éléphants. • Je prends un crayon de couleur rouge. • Est-ce qu'on lui dit que c'est urgent ?

Réussite : /10

70 les temps composés de l'indicatif

Formes verbales

Observe

Infinitifs	Temps simples	Temps composés
	présent ⟷	*passé composé*
avoir	j'ai	j'ai eu
être	je suis	j'ai été
faire	je fais	j'ai fait
prendre	je prends	j'ai pris
aller	je vais	je suis allé
venir	je viens	je suis venu
	imparfait ⟷	*plus-que-parfait*
avoir	j'avais	j'avais eu
être	j'étais	j'avais été
faire	je faisais	j'avais fait
prendre	je prenais	j'avais pris
aller	j'allais	j'étais allé
venir	je venais	j'étais venu
	futur simple ⟷	*futur antérieur*
avoir	j'aurai	j'aurai eu
être	je serai	j'aurai été
faire	je ferai	j'aurai fait
prendre	je prendrai	j'aurai pris
aller	j'irai	je serai allé
venir	je viendrai	je serai venu
	passé simple ⟷	*passé antérieur*
avoir	j'eus	j'eus eu
être	je fus	j'eus été
faire	je fis	j'eus fait
prendre	je pris	j'eus pris
aller	j'allai	je fus allé
venir	je vins	je fus venu

Retiens

- Un temps composé est formé d'un **auxiliaire** (*avoir* ou *être*) suivi du **participe passé** d'un verbe.
- Les temps composés de l'indicatif sont : le passé composé, le plus-que-parfait, le futur antérieur et le passé antérieur.
- Au passé composé, l'auxiliaire est au présent. Au plus-que-parfait, l'auxiliaire est à l'imparfait. Au futur antérieur, l'auxiliaire est au futur simple. Au passé antérieur, l'auxiliaire est au passé simple.

280 **Réponds à ces questions sur les temps composés en t'aidant du tableau des verbes page ci-contre.**

1. Quel temps composé correspond au présent ?
2. « *avions pris* » est-il un temps simple ou un temps composé ?
3. Quel verbe à un temps simple correspond à « *suis allé* » ?
4. À quel temps composé correspond le futur simple ?
5. Quel verbe à un temps composé correspond à « *prendrai* » ?

Corrigé p. 164 Réussite : /10

281 **Classe ces verbes en deux groupes : ceux qui sont conjugués à un temps simple et ceux qui sont conjugués à un temps composé.**

tu viens ; il avait pris ; nous irons ; on fera ; elle est allée ; vous aurez eu ; ils sont venus ; je serai ; elles eurent fait ; je prends.

Corrigé p. 168 Réussite : /10

282 **Souligne les verbes à un temps composé, puis écris à quel temps composé ils sont employés.**

Ex. : On a réparé l'horloge. → On a réparé l'horloge (passé composé).

Nous avions proposé de l'aider. • Elle s'est consolée rapidement. • Tu l'auras sûrement rangé avant ton départ. • Il est parti parce qu'on s'était moqué de lui. • Il aura ruiné sa famille. • Ils ont fendu toutes les bûches. • Dès qu'il eut rempli sa fiche, il la rendit. • Ils ont poursuivi les bandits dans la montagne. • Ils avaient réussi à cacher leur secret. • Nous passerons à table dès que vous serez arrivé. Réussite : /10

283 **Écris ces verbes aux temps composés correspondants.**

Ex. : je pouv**ais** (imparfait) → j'**avais pu** (plus-que-parfait).

il est, on pourra, elle disait, ils font, vous prenez, elle verra, tu allais, vous aviez, je vins, on donnera. Réussite : /10

284 **Dictée.**

Mon oncle avait entassé ses meubles dans son garage et le déménageur avait promis de les enlever le lendemain. Un mois plus tard, il n'était toujours pas venu ! Un jour, il téléphona : « J'ai eu beaucoup de travail, mais cette fois, c'est bon. Le camion sera arrivé dans une heure. » Mon oncle l'attend toujours !

71 participes passés en -é, -u, -i

Formes verbales

Observe

Je suis allé au cinéma.
J'ai vu des dessins animés.
J'ai bien ri.

avoir ou être + V___ é / u / i

auxiliaire + participe passé

TEMPS COMPOSÉ

Retiens

- Le participe passé des verbes en -er se termine par -é.
- D'autres participes passés se terminent par -u ou par -i.

285 Complète les participes passés par é, u ou i après avoir souligné l'auxiliaire.

Ex. : J'ai bientôt fin… l'exercice. → J'ai bientôt fini l'exercice.

Il a descend… l'escalier sur les mains. • Elle a pass… la soirée chez ses amis. • Ils avaient ment… . • Ils ont vend… leur voiture. • Elle a beaucoup grand… l'an dernier. • Le chasseur a aperç… un renard. • On a chois… un livre. • Il est all… au Canada. • Elle a attend… longtemps. • Les élèves ont obé… .

Corrigé p. 164 Réussite : /10

286 Même consigne.

On a chang… de train à Dijon. • La neige avait fond… . • Elle a dorm… jusqu'à midi. • Simon a cour… le 100 m en dix secondes. • Il est rest… chez lui. • Le maître a not… tous les élèves. • J'ai préven… ses parents. • Les feuilles ont jaun… . • Ils avaient garn… le sapin. • Le chien a mord… le facteur.

Réussite : /10

72 participes passés en -i, -is, -it

Formes verbales

Observe

auxiliaire		participe passé	
avoir ou être	+ V___	é	
		u	
Il est parti.		i	une personne qui est partie
Nous avons compris.		is	une chose qui est comprise
Elles ont dit.		it	une chose qui est dite

Retiens

- Certains participes passés se terminent toujours par **-is** ou par **-it**.
- Pour savoir si un participe passé se termine par **-i**, par **-is** ou par **-it**, il faut le mettre dans une expression où il est au féminin. Un participe passé en **-is** ou en **-it** fait entendre un féminin en **-ise** ou en **-ite**.

287 Complète les expressions par ie, ise ou ite.

Ex. : On a mis → une veste *qui est* m**ise**.

j'ai dit → une chose *qui est* d…
nous avons pris → une chose *qui est* pr…
il a senti → une fleur *qui est* sent…
tu as cuit → une viande *qui est* cu…
j'ai conduit → une voiture *qui est* condu…

Corrigé p. 164 Réussite : /10

288 Complète par i, is ou it.

une chose *qui est* perm**ise** → elle a perm…
une maison *qui est* fleur**ie** → il a fleur…
une image *qui est* reprodu**ite** → ils ont reprodu…
une chose *qui est* interdite → on a interd…
une personne *qui est* surprise → nous avons surpr…

Corrigé p. 168 Réussite : /10

289 **Écris les participes passés des verbes entre parenthèses.**

Ex. : une chose qui est (*comprendre*) → une chose qui est compr**ise**.

une élève qui est (*inscrire*) ; une chose qui est (*produire*) ; une région qui est (*conquérir*) ; une construction qui est (*démolir*) ; une expédition qui est (*entreprendre*) ; une chose qui est (*faire*) ; une fleur qui est (*offrir*) ; une lettre qui est (*remettre*) ; une chose qui est (*reprendre*) ; une idée qui est (*admettre*).

Corrigé p. 170 Réussite : /10

290 **Complète les participes passés.**

une lettre *qui est* transmise : il a transm... une lettre.
une leçon *qui est* apprise : ils ont appr... une leçon.
une fête *qui est* réussie : elle a réuss... la fête.
une carte postale écrite : tu as écr... une carte postale.
une maison reconstruite : nous avons reconstru... une maison.
une planche vernie : vous avez vern... une planche.
une faute commise : elles ont comm... une faute.
une toiture recouverte : on a recouver... une toiture.
une cabane détruite : il a détru... une cabane.
une bague choisie : j'ai chois... une bague.

Réussite : /10

291 **Complète par i, is ou it.**

On m'a d... un secret. • Ils m'ont prom... une récompense. • Elle a dorm... toute la nuit. • Mon frère a adm... son erreur. • La guerre a détru... beaucoup de maisons. • Ils ont enfin réuss... à réparer ce moteur. • Cette usine a produ... dix mille voitures. • Le préfet lui a rem... une décoration. • Il a repr... le ballon de justesse. • Cette entreprise a constru... l'école.

Réussite : /10

292 **Dictée.**

Nos parents nous avaient dit cent fois qu'il était interdit d'entrer dans la grotte de Castac. Ils nous avaient mis en garde, ils avaient parlé de roche mouillée, glissante.

Mais le grand Paul racontait qu'il connaissait la grotte comme sa poche. Et un jour, on l'a suivi. À peine entré sous terre, il a glissé et il a disparu dans un trou en criant. On est ressorti en courant pour aller chercher de l'aide.

73 participe passé en -é / infinitif en -er

Formes verbales

Observe

Il va manger.

Il va (quoi faire ?) manger.

V1 quoi faire ? V2 — er

Il a mangé.

avoir mangé

avoir ou être + V — é

Retiens

- Un verbe terminé par **-er** est à l'*infinitif.* Il indique une action.
- Un verbe terminé par **-é** est au *participe passé*. Il est conjugué avec l'auxiliaire *avoir* ou avec l'auxiliaire *être*. Il peut aussi être seul, employé comme un adjectif.

293 Termine les phrases comme dans les deux exemples.

Ex. : Elle a → réveillé Cécile. On vient de → réveiller Gilles.

Elle a On vient de Il avait Il faut	Je veux Je tiens à J'ai	(*avoir*) → (*quoi faire*) →	réveill**é** Cécile. réveill**er** Gilles.

Corrigé p. 164 Réussite : /10

294 Écris ces phrases en deux groupes : celles qui ont un participe passé en -é ; et celles qui ont un infinitif en -er.

Nous allons déménager. • J'ai rayé la réponse fausse. • On a tout vérifié. • On doit semer les graines. • Elle va habiter à Paris. • Il a présidé la réunion. • On peut t'aider. • Vous devez avancer. • On l'a capturé. • Tu l'as oublié.

Corrigé p. 168 Réussite : /10

295 **Complète par é ou er.**

J'ai mang… . Je veux mang… . • Je suis tomb… . Je viens de tomb… . • Il faut se relev… . Il s'est relev… . • Elle a bien chant… . Elle va chant… . • Il doit march… . Nous avons march… .

Corrigé p. 170 Réussite : /10

296 **Trace les flèches puis écris les phrases obtenues.**

Elle souhaite	
On désirerait	
Nous aurons	pay**er**.
Je préfère	pay**é**.
Elle a déjà	
Tu es obligé de	

Réussite : /10

297 **Complète par é ou er.**

On veut jou… . On a jou… . • Il est entr… . Elles peuvent entr… . • Il est habill… . Ils vont s'habill… . • Nous avons tir… . Elle sait tir… . • Je dois y pens… . Elle y aura pens… .

Réussite : /10

298 **Même consigne.**

La tortue se mit à boug… . • On tient à arriv… avant la nuit. • Elles auront termin… leur travail vers seize heures. • Tu as bien mérit… ta médaille. • Vous allez finir par vous enrhum… . • Je refuse de chang… de place. • Elle avait encore oubli… de me prévenir. • Ils vont mesur… la force du vent. • Va te douch… . • Il était log… dans une vieille chambre. Réussite : /10

299 **Choisis le participe passé ou l'infinitif pour compléter.**

jeté / jeter • On a … les vieux journaux. • Elle va … un coup d'œil dans la pièce. • Il s'est … à l'eau pour la sauver.

griffé / griffer • On s'est fait … par les ronces. • Le chat l'avait … en se sauvant.

remplacé / remplacer • Il faut … les bougies. • Votre moteur sera … par un neuf.

glissé / glisser • Jean a … sur une peau de banane. • Il s'est … sous la couverture. • Il vient de … un message sous la porte.

Réussite : /10

74 verbes fondamentaux à l'impératif présent

Formes verbales

Règles

Observe

avoir	être	faire
aie	sois	fais
ayons	soyons	faisons
ayez	soyez	faites
aller	**voir**	**venir**
va	vois	viens
allons	voyons	venons
allez	voyez	venez
prendre	**mettre**	**courir**
prends	mets	cours
prenons	mettons	courons
prenez	mettez	courez
cueillir	**offrir**	**donner**
cueille	offre	donne
cueillons	offrons	donnons
cueillez	offrez	donnez

Retiens

- L'impératif présent a seulement trois personnes : la 2e personne du singulier, la 1re et la 2e personne du pluriel. On ne les écrit pas.

300 **Écris ces verbes à la 2e pers. du singulier de l'impératif présent.**
venir, prendre un cahier, être sage, donner ce livre, mettre une veste, faire ce problème, avoir du courage, courir tête baissée, cueillir des pommes, aller à la gare.

Corrigé p. 164 Réussite : /10

301 **Écris les verbes de l'exercice 300 à la 1re et à la 2e personne du pluriel de l'impératif présent.** Réussite : /10

302 **Écris ces verbes aux trois personnes de l'impératif présent.**
prévoir l'avenir, revenir, apprendre la poésie, remettre du sel, refaire cet exercice, offrir ce bouquet, être poli, avoir de bons résultats, parcourir ce chemin, arriver à l'heure. Réussite : /10

75 impératif présent

Observe

	verbes terminés par -er	autres verbes
2e pers. singulier	-e	-s (ou ds)
1re pers. pluriel	-ons	-ons
2e pers. pluriel	-ez	-ez

⚠ À la 2e personne du singulier, on n'écrit jamais es. Quand on entend le son « e », on écrit e : offre, ouvre, cueille.

Retiens

- À l'impératif, les terminaisons des verbes en -er et des verbes qui ont le son « e » à la 2e pers. du sing. sont : -e, -ons, -ez (*écoute, offre, ouvre*…).
- Les terminaisons des autres verbes sont les mêmes qu'au présent de l'indicatif : -s (ou -ds), -ons, -ez (*viens, prends, venons, venez*).

303 Écris les verbes suivants à la 2e personne du singulier de l'impératif présent.

Ex. : remercier sa sœur → remerci**e** ta sœur.

répondre tout de suite, partir vite, écouter la radio, écrire une lettre, suivre cette voiture, finir ses devoirs, regarder avant de traverser, manger lentement, rendre le ballon, bien dormir.

Corrigé p. 164 Réussite : /10

304 Complète à l'impératif présent.

Ex. : Pierre, surveill… le chat. → Pierre, surveill**e** le chat.

Ser…-toi d'abord. • Chang… ton tricot. • Ramass… tes affaires et vien… avec moi. • Choisiss… votre camp. • Souvien…-toi de ce qu'elle a dit. • Étend…-vous sur l'herbe. • Condui…-le chez le coiffeur. • Rempli… la fiche, Maxime. • Descen… sans courir, tu pourrais tomber. Réussite : /10

76 terminaisons en -é / -er / -ez / -ais, -ait

Formes verbales

Observe

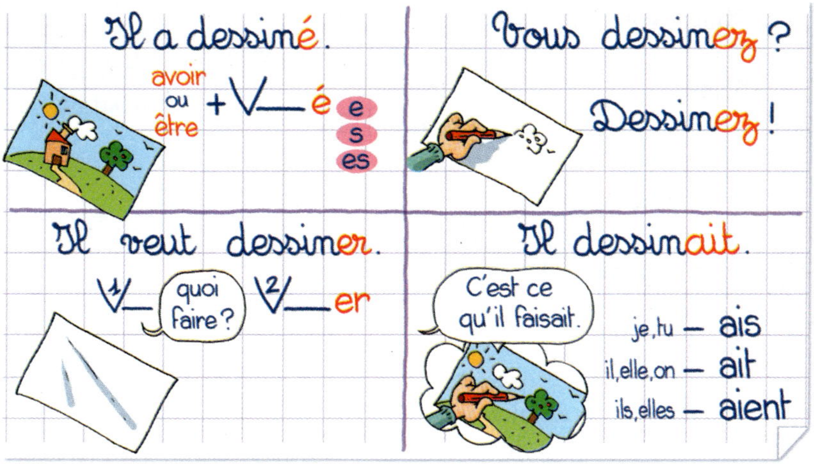

Retiens

- **-é** indique un participe passé qui peut être conjugué avec *avoir* ou *être*, ou bien employé seul comme un adjectif.
- **-er** marque l'infinitif des verbes du 1er groupe et du verbe *aller*.
- **-ez** marque la deuxième personne du pluriel.
- **-ais, -ait** ou **-aient** sont des terminaisons de l'imparfait de l'indicatif.

305 Relie chaque début de phrase au bon verbe. Écris les phrases.

Elle aime →	dansé.	Tu	marcher.
Vous	danser.	Il préfère	marchais.
Vous avez	dansez.	Le garçon	marchait.

Corrigé p. 164 Réussite : /10

306 Complète en ajoutant le verbe passer.

Ils vont **passer**.	Je …	pass**é**.
Nous avons …	Les chiens …	pass**er**.
Il vient de …	Ma sœur …	pass**ez**.
Vous …	Il va …	pass**ais**.
Le car est …	Elle pourrait …	pass**ait**.
Mon frère …		pass**aient**.

Corrigé p. 168 Réussite : /10

307 **Trace toutes les flèches possibles, puis écris les phrases que tu obtiens.**

Elle veut	dessiné.	Tu dois	écouté.
Nous avons	dessiner.	J'	écoutais.
Ils	dessinez.	Vous aviez	écouter.
Vous	dessinait.	L'élève	écoutait.
On	dessinaient.	Tu	

Corrigé p. 170 Réussite : /10

308 **Complète par é, er, ez, ais, ait ou aient.**

Ex. : L'alarme se déclench… toutes les nuits.
→ L'alarme se déclench**ait** toutes les nuits.

Je dois déménag… . • Mon frère apprend à parl… anglais. • Vous avanc… et vous stationn… devant la librairie. • Elle sembl… très contente. • Il est entr… sans frapp… . • La maîtresse nous a donn… un exercice. • Ils discut… pendant des heures. • Elle s'amuse à saut… à la corde. Réussite : /10

309 **Même consigne.**

J'aime beaucoup quand vous chant… . • On pénétr… dans le souterrain par une galerie très étroite. • Le clown l'a beaucoup amus… . • On cherche à gagn… du temps. • Si tu m'écout…, tu comprendrais mieux. • La biche a protég… son faon. • Je n'ai plus pens… à te téléphon… . • Les joueurs entour… l'adversaire pour lui prendre le ballon. • Les enfants admir… le feu d'artifice.

Réussite : /10

310 **Dictée.**

Lorsqu'il y avait des betteraves rouges en entrée, Pascal faisait la grimace, mais il en acceptait une cuillerée sans grogner. Il les mangeait en fermant les yeux, imaginant que c'était du nougat ou de la crème glacée au cassis. Et généralement, les betteraves rouges passaient bien.

Mais pour les poireaux, il avait tout essayé !

– Il faut manger des poireaux pour grandir, disait maman.

Pascal ne comprenait pas pourquoi il ne grandissait pas plus vite. Et comme il n'avait que neuf ans, il se doutait qu'il lui faudrait encore manger beaucoup de poireaux !

77 verbes fondamentaux au passé simple de l'indicatif

Formes verbales

Règles

Observe et Retiens

avoir	être	donner
j' eus tu eus il eut nous eûmes vous eûtes ils eurent	je fus tu fus il fut nous fûmes vous fûtes ils furent	je donnai tu donnas il donna nous donnâmes vous donnâtes ils donnèrent
aller	**faire**	**vouloir**
j' allai tu allas il alla nous allâmes vous allâtes ils allèrent	je fis tu fis il fit nous fîmes vous fîtes ils firent	je voulus tu voulus il voulut nous voulûmes vous voulûtes ils voulurent
voir	**prendre**	**venir**
je vis tu vis il vit nous vîmes vous vîtes ils virent	je pris tu pris il prit nous prîmes vous prîtes ils prirent	je vins tu vins il vint nous vînmes vous vîntes ils vinrent
savoir	**devoir**	**lire**
je sus tu sus il sut nous sûmes vous sûtes ils surent	je dus tu dus il dut nous dûmes vous dûtes ils durent	je lus tu lus il lut nous lûmes vous lûtes ils lurent

311 Écris ces verbes au passé simple, à la 3e personne du singulier (il, elle ou on) et à la 3e personne du pluriel (ils ou elles).

Hier matin… faire son lit, avoir la preuve, être là, donner le signal, aller au marché. Corrigé p. 164 Réussite : /10

312 Écris les verbes en *italique* au passé simple, à la 1re personne du singulier (je) et à la 3e personne du singulier (il, elle ou on).

Tout à coup… voir un crocodile, *devoir* s'arrêter, *revenir* en classe, *prendre* peur, *vouloir* entrer. Corrigé p. 168 Réussite : /10

313 **Écris les verbes entre parenthèses au passé simple.**

Ex. : Il (*s'en aller*) en chantant. → Il **s'en alla** en chantant.

Elle (*être*) prête avant les autres. • Ils (*savoir*) qu'ils avaient réussi en écoutant la radio. • La baleine (*refaire*) surface près du bateau. • On (*revoir*) nos amis pendant les vacances. • Le troupeau (*revenir*) au début de l'été. • Le juge (*pardonner*) leur bêtise, mais ils (*devoir*) payer ce qu'ils avaient cassé. • Quand je (*lire*) sa lettre, je (*comprendre*) ce qui s'était passé. • Avec cette colle, le carreau (*tenir*) dix ans.

Réussite : /10

314 **Réponds à ces questions sur le passé simple en t'aidant du tableau des verbes page 127.**

1. Les quatre mêmes lettres terminent toujours la 3e personne du pluriel. Lesquelles ?
2. Quels sont les deux verbes qui se terminent par **-ai** à la 1re personne du singulier ?
3. À quelles personnes les verbes ont-ils un accent circonflexe ?
4. « *Il vint* » : est-ce le verbe *voir*, le verbe *aller* ou le verbe *venir* ?
5. À quel infinitif correspond « *ils firent* » ?

Réussite : /10

315 **Dictée.**

Les six bouteilles furent bientôt prêtes. Chaque garçon en prit deux. L'un derrière l'autre, ils sortirent, traversèrent le jardin et entrèrent dans une petite cabane. Il y avait là six agneaux. Au milieu de la cabane, se dressait une sorte de mangeoire en bois.

Tante Minnie se dirigea vers elle, suivie des agneaux. Elle retourna les bouteilles et les plaça dans la mangeoire. Les six tétines sortaient par la fente du bas. Les petits agneaux les attrapèrent aussitôt et se mirent à boire.

78 passé simple de l'indicatif

Formes verbales

Règles

Observe

Hier, tout à coup, il frappa, il ouvrit la porte et il me reconnut.

	verbes terminés par -er		verbes terminés par -ir, -oir, -re		
je	-ai	je	-is	ou	-us
tu	-as	tu	-is		-us
il	-a	il	-it		-ut
nous	-âmes	nous	-îmes		-ûmes
vous	-âtes	vous	-îtes		-ûtes
ils	-èrent	ils	-irent		-urent

⚠ tenir : je tins, il tint, ils tinrent. venir : je vins, il vint, ils vinrent.

Retiens

- Au passé simple, les verbes en -er se terminent toujours par : -ai, -as, -a, -âmes, -âtes, -èrent.
- Les autres verbes se terminent par -is, -is, -it, -îmes, -îtes, -irent ou par -us, -us, -ut, -ûmes, -ûtes, -urent.

316 Écris les verbes en *italique* au passé simple, à la 3e personne du singulier (il, elle ou on).

Hier, tout à coup… se retourner brusquement, *écrire* le chiffre 7, *perdre* espoir, *courir* vers la sortie, *danser* de joie, *croire* voir une ombre, *décider* de téléphoner, *appeler* de l'aide, *s'endormir*, *dire* un mensonge.

Corrigé p. 165 Réussite : /10

317 Écris toutes les personnes possibles.

… arrivai, … commença, … arrêtèrent, … travaillâtes, … laissas, … restai, … marchâmes.

Réussite : /10

318 Classe ces verbes en deux groupes selon leur terminaison au passé simple : -is, -is, -it… ou bien -us, -us, -ut… .

conduire, maigrir, boire, revoir, lire, vivre, dormir, recevoir, apercevoir, répondre.

Réussite : /10

79 temps simples / temps composés

Formes verbales

Observe

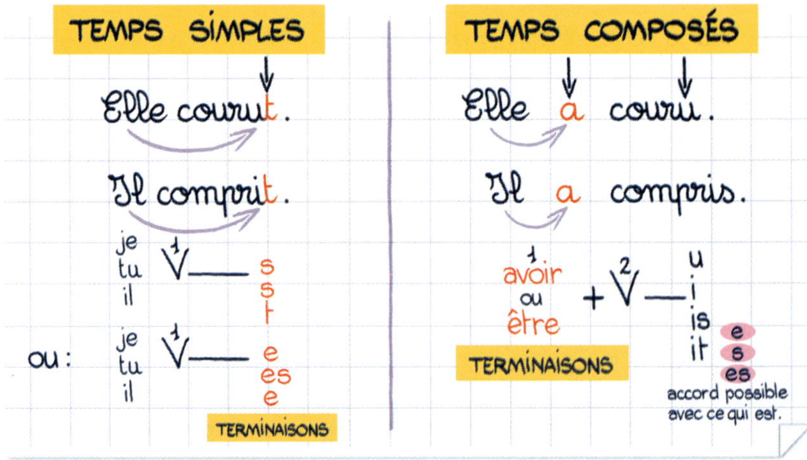

Retiens

- Un verbe conjugué à un temps simple porte toujours une terminaison de la conjugaison.
- Un verbe conjugué à un temps composé est au participe passé. C'est l'auxiliaire *avoir* ou *être* qui porte les terminaisons de la conjugaison.

319 **Souligne d'un trait les verbes conjugués à des temps simples et de deux traits ceux conjugués à des temps composés.**

Ex. : Elle courut. Elle a couru.

Il est parti seul. • Elle partit en voiture. • Elle prit le train. • Mes parents ont voulu prendre le train. • Il mit de l'essence dans le réservoir. • Ils ont pris l'avion. • On est sorti. • Son père voulut bien. • Il a mis de l'huile dans le moteur. • Il sortit le dernier.

Corrigé p. 165 Réussite : /10

320 **Même consigne.**

Il est tombé. • Elle a su sa leçon. • Il rit de bon cœur. • J'ai reçu une lettre. • On a regardé la télévision. • Il éternue souvent. • Il crut bien faire. • Elle dormit pendant tout le voyage. • Nous avons cru à son histoire. • J'ai écrit une longue lettre.

Réussite : /10

80 verbes fondamentaux au conditionnel présent

Observe

avoir	aller	donner
j' aurais	j' irais	je donnerais
tu aurais	tu irais	tu donnerais
il aurait	il irait	il donnerait
nous aurions	nous irions	nous donnerions
vous auriez	vous iriez	vous donneriez
ils auraient	ils iraient	ils donneraient
être	**faire**	**savoir**
je serais	je ferais	je saurais
tu serais	tu ferais	tu saurais
il serait	il ferait	il saurait
nous serions	nous ferions	nous saurions
vous seriez	vous feriez	vous sauriez
ils seraient	ils feraient	ils sauraient
cueillir	**venir**	**prendre**
je cueillerais	je viendrais	je prendrais
tu cueillerais	tu viendrais	tu prendrais
il cueillerait	il viendrait	il prendrait
nous cueillerions	nous viendrions	nous prendrions
vous cueilleriez	vous viendriez	vous prendriez
ils cueilleraient	ils viendraient	ils prendraient
pouvoir	**courir**	**voir**
je pourrais	je courrais	je verrais
tu pourrais	tu courrais	tu verrais
il pourrait	il courrait	il verrait
nous pourrions	nous courrions	nous verrions
vous pourriez	vous courriez	vous verriez
ils pourraient	ils courraient	ils verraient

Retiens

- Les terminaisons du conditionnel présent sont les mêmes pour tous les verbes : **-rais**, **-rais**, **-rait**, **-rions**, **-riez**, **-raient**.

321 **Écris les verbes au conditionnel présent, à la 1re personne du singulier (je) et du pluriel (nous).**

Si je pouvais… faire tous les exercices, prendre le bateau, courir plus vite, aller en Amérique, être pilote.

Corrigé p.165 Réussite : /10

322 **Écris les verbes en *italique* au conditionnel présent, à la 3e personne du singulier (il, elle ou on) et du pluriel (ils ou elles).**

Si elle voulait… avoir une moto, *cueillir* des fraises, *venir* à ma rencontre, *pouvoir* gagner, *savoir* chanter.

Corrigé p. 168 Réussite : /10

323 **Écris les verbes entre parenthèses au conditionnel présent.**

Ex. : Il (*être*) fou s'il restait ici. →Il **serait** fou s'il restait ici.

Si tu écoutais, tu (*comprendre*) mieux. • Je (*revoir*) ce film avec plaisir, s'il était rediffusé. • Si vous l'aviez écoutée, vous (*avoir*) gagné. • Si elle osait le faire, elle (*s'en aller*) tout de suite. • Je (*être*) désolé si tu ne m'attendais pas. • S'il voulait bien, on l' (*accueillir*) chez nous. • Si j'avais le temps, je (*refaire*) le problème. • S'il en restait, on (*reprendre*) bien des frites. • Le sacrifice (*être*) moins pénible si le salaire était plus élevé. • Vous (*devenir*) de bons élèves si vous appreniez vos leçons.

Réussite : /10

324 **Réponds à ces questions sur le conditionnel en t'aidant du tableau des verbes page 131.**

1. Les terminaisons changent-elles d'un verbe à l'autre ?
2. Par quelle lettre se termine toujours la 1re pers. du singulier ?
3. Quel verbe a **un r** à l'infinitif et **deux r** au conditionnel ?
4. Quelle est la 3e pers. du singulier des verbes *être* et *faire* ?
5. « *Ils verraient* » : est-ce le verbe *venir* ou le verbe *voir* ?

Réussite : /10

325 **Dictée.**

À sept ans, Clara décida qu'elle n'irait plus à l'école et qu'elle resterait à la maison pour faire des gâteaux, comme grand-mère, qui est toujours calme et souriante.

Quand on lui demanda quel métier elle ferait plus tard, elle dit qu'elle serait vendeuse dans le grand magasin où il y a un manège, qu'elle arriverait très tôt le matin et qu'elle pourrait ainsi faire des tours gratuits avant de commencer son travail.

81 conditionnel présent

Formes verbales

Observe

Si je pouvais, j'apprendrais à conduire.

S'il pouvait, il le ferait.

je _rais
tu _rais
il _rait
nous _rions
vous _riez
ils _raient

⚠ Bien garder l'infinitif entier pour les verbes en -er :
je chanterais, je jouerais

⚠ rr pour ces verbes :
pouvoir → je pourrais
voir → je verrais
envoyer → j'enverrais
courir → je courrais
mourir → je mourrais

Retiens

- Les verbes réguliers terminés par **-er** ou par **-ir** gardent l'infinitif entier dans la conjugaison (*je chanterais, je finirais*).
- Au conditionnel présent, *pouvoir, voir, envoyer, courir, mourir* s'écrivent avec **deux r**.

326 **Écris les verbes entre parenthèses au conditionnel présent.**

Si tu voulais, tu t' *(inscrire),* tu *(courir)* plus vite et tu *(gagner)* la course. Tout le monde *(applaudir).* Une majorette te *(tendre)* un bouquet et t' *(embrasser).* Tu *(monter)* alors sur le podium et le maire te *(féliciter).* Des journalistes te *(photographier)* et le lendemain, on te *(voir)* dans le journal.

Corrigé p. 165 Réussite : /10

327 **Complète au conditionnel présent.**

Si je pouvais, je jou**er**… au rugby. Si vous pouviez, vous jou… du piano. • Si tu voulais, tu distribu**er**… les cartes. S'ils voulaient, ils distribu… les journaux. • Si je savais le faire, je pli**er**… ma chemise. Si tu étais gentil, tu pli… la carte. • Si on pouvait, on étudi**er**… le chinois. Si elles pouvaient, elles étudi… le japonais. • S'il avait le temps, il vérifi**er**… ses opérations. Si vous étiez sérieux, vous vérifi… les comptes. Réussite : /10

Transfert des acquisitions
Habileté en orthographe

• Dix fiches proposent des exercices de révision. Seules les cinq premières sont corrigées, les fiches non corrigées pouvant servir pour les contrôles et pour l'évaluation. Le barème est simple : un point par réponse juste.

• Chaque fiche débute par un texte à compléter. Il faut le lire entièrement avant de commencer à répondre. Les lettres ou les mots à retrouver sont signalés par trois points de suspension, quelle que soit la longueur de la réponse. Plusieurs réponses sont parfois proposées entre crochets : une seule est correcte.

1 fiche de révision

1 Texte à compléter.

Plus de barbe !

– Allons chez le coiff..., propo...a Aurore.
– D'accord, di... Papa avec un sourire.
Ils entrèr... dans une belle boutique. Papa s'in...talla dans un faut..., et bientôt, le visage barbou...é de mousse, il re...embla au Père Noël. Mais quand le garçon, armé de son ra...oir, se mi... au trav..., Aurore ferma les yeu... tant elle avait peur. Elle ne pouvai... pas voir ça ! Par bonh..., rien de terrible ne survint. Papa apparu..., transformé. Il donna un bai...er ... [a/à] sa fille et Aurore, s'adre...ant au garçon, constata :
– Vous av... drôlement bien réu...i, il ne pique plus du tout.

Réussite : /20

2 Trouve le masculin en -ier des noms suivants. Attention ! Pour l'un d'eux, c'est impossible.

l'épicière, une cavalière, une cuisinière, la garde-barrière, la couturière.

3 Qu'a-t-il voulu écrire ? Rétablis l'orthographe normale de ces cinq mots.

Ex. : un *chat moi* → un chamois.

un *chat sœur* un *chat pot* un *chat mot*
un *chat grain* un *chat thon*

4 Puzzle de syllabes.
Avec ces dix syllabes, tu peux former cinq mots. Lesquels ?

a bu vet fet son
buf gneau du chaus bar

5 Rébus. Cinq mots à trouver, trois noms et deux verbes.

Ex. : S +  → espoir.

Corrigé p. 171 Total : /40

2 fiche de révision

1 Texte à compléter.

La couleuvre. Nous pouvons rencontr... la couleuvre ... [a/à] collier près des lieu... humid... . En juillet, elle pon... de ... [10] à ... [30] œufs. Enfoui... sous des végétau... (ou dans un ta... de fumier à ... [15] ou ... [20] cm), les œufs éclos... environ quatre-vingts jours après la ponte. En septembre, les couleuvres ... [ce/se] nourriss... surtout d'insectes.

La couleuvre sortira en avril de son somm... d'hiver. On ... [la/l'a] verra, montrant souvent sa langue ... [a/à] deux fourches, cherchant à impressionn... l'ennemi qui l'attaq... .

Réussite : /20

2 Un mot simple peut être reconnu dans chacun des mots suivants. Trouve ces cinq mots.

vingtaine, cinquante, septième, centaine, sixième.

3 Dans les mots suivants, on a enlevé des n. Remets-les, puis écris les mots que tu obtiens.

une conso...e, une lio...e, le ci...éma, de l'alumi...ium, pardo...er.

4 Puzzle de syllabes.
Avec ces dix syllabes, tu peux former cinq mots. Lesquels ?

bo — du — vie — rant — chauf — feur — vo — en — cal — bra

5 Grille de mots. **Les voyelles ont été enlevées ! Avec six A et quatre E, tu peux compléter cette grille.**

Animal familier →	C	H		T				
Action d'acheter →		C	H		T			
Mettre dans un endroit secret →	C		C	H		R		
Avancer avec les pieds →	M		R	C	H		R	
Enlever une attache →	D		T		C	H		R

Corrigé p. 171 Total : /40

3 fiche de révision

1 Texte à compléter.

Thiéni et les fourmis. Le roi app…lle Thiéni et lui dit :
– Vois … [cet/cette/c'est] case. Elle est rempl… de grains de riz, de mil et de fonio. Les grains sont mélang…, tu vas les tri… . Si tu n'y arriv… pas, je te chasserai du village.
Thiéni retourne dans sa case … [et/est] raconte l'affaire à la fourmi. La fourmi appelle … [ces/ses] parents, … [ces/ses] petits et … [ces/ses] amis. Tout… les fourmis du monde … [ce/se] rassembl… dans la case … [ou/où] il y a les grains mélang… . Elles … [ce/se] divis… en trois group… .
En un instant, le trava… est termin… .

Réussite : /20

2 Pour répondre aux questions suivantes, utilise un mot de la même famille que le mot écrit en *italique*.

Qui travaille au *commissariat* ? à la *banque* ? derrière la *caisse* ? à la *boulangerie* ? dans un *secrétariat* ?

3 Vrai ou faux ?

a. **son** est une forme du verbe *être*.

b. S'il a deux sujets au singulier, le verbe est au pluriel.

c. Le sujet d'un verbe est toujours à côté du verbe.

d. **Qu'elle** contient le sujet **elle**.

e. Les nombres s'écrivent avec des mots invariables.

4 Puzzle de syllabes.
Avec ces dix syllabes, tu peux former cinq mots. Lesquels ?

but | zon | son | cran | fris
hau | é | dé | ga | teur

5 Rébus. Cinq noms masculins à trouver.

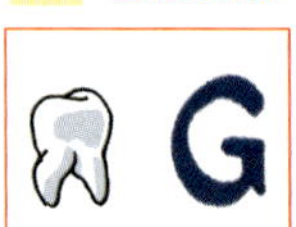

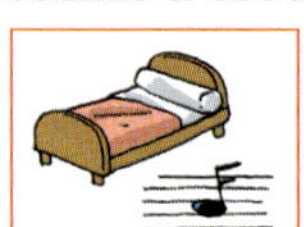

Corrigé p.171 Total : /40

4 fiche de révision

1 Texte à compléter.

Le portrait de l'âne. Marinette ayant achev… son portrait, l'âne fu… convié à le venir voir. … [ce/se] qu'il vi… ne manqua pas de le surprendre.

– Comme … [on/ont] se connaît mal, dit-il. Je n'aur… jamais cru que j'avais une tête de bouledogue.

Marinette rougi… et l'âne poursuivi… :

– … [ces/c'est] comme les oreilles, … [on/ont] m'a souvent répét… que je les avai… long…, mais au point … [ou/où] les voilà, je ne l'aurais pas pens… non plus.

Marinette, gên…, rougi… encore plus fort. Il … [et/est] vrai qu'à elles seul…, les oreilles du portrait avai… presque autant d'importance que le corps !

Réussite : /20

2 Un mot simple peut être reconnu dans chacun des mots suivants. Trouve ces cinq mots.

crier, médecine, ralentir, marine, pancarte.

3 Qu'a-t-il voulu écrire ? Rétablis l'orthographe de ces mots.

un *pain sot* — un *phare d'eau* — la *peau lisse*

le *bouc est* de fleurs — une tranche de *gens bons*

4 Mots à reconstituer. Voici des morceaux de mots. Trouve celui qui complète les cinq autres, puis écris ces cinq mots.

entrev — recev — prév — pleuv — oir — fall

5 Grille de mots. Avec cinq E, deux A, deux I et un O, tu peux compléter cette grille. Attention ! Deux E ont un accent.

Quand je dors, je … →	R		V			
La voiture est tombée dans un … →	R		V		N	
L'oiseau qui tape sur un tronc est un … →	P		V		R	T
Je me lave avec du … →	S		V		N	
Le liquide qui nourrit les plantes, c'est la … →	S		V			

Corrigé p. 172 Total : /40

5 fiche de révision

1 Texte à compléter.

Le hérisson. Il ne crain… aucun reptile, pas même la vipère ; il est souvent mordu, … [mais/met/mes] il fini… par triomph… et manger … [ces/ses] victimes. Pareil… festins ne le détourn… pas de sa tâche habituel… : détruire les escargots, les limaces gris…, noir… ou rouge… qui infest… la prairie, les insectes engourdi… dans la haie et ceux qui pass… à sa portée.
Le jour, il sommeil… les trois quarts du temps ; … [mais/met] le soir tombant, il se … [mais/met/mes] en chasse, avec de petit… haltes et des retours au logis. Hélas ! aveugl… par les phares, il se jette parfois sous les rou… des automobiles. Réussite : /20

2 Cinq mots simples expliquent les noms de ces métiers. Trouve ces mots.

un pompiste, un camionneur, un parfumeur, un horloger, un journaliste.

3 Vrai ou faux ?

a. À la 3e pers. du sing., le verbe *pouvoir* se termine par un **x**.
b. **ce**, **cet**, **cette**, **ces** contiennent l'idée de montrer.
c. **se** s'emploie toujours avec un verbe.
d. **ai**, **es**, **est** sont trois formes du verbe *avoir*.
e. **ai**, **es**, **est** sont trois formes du verbe *être*.

4 Mots à reconstituer. Voici des morceaux de mots. Trouve celui qui complète les cinq autres, puis écris ces cinq mots.

| fais | pays | an | artis | rub | écr |

5 Rébus. Cinq verbes à trouver.

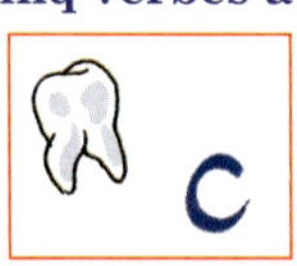

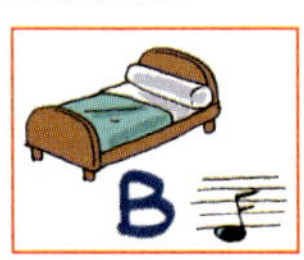

Corrigé p.172 Total : /40

6 fiche de révision

1 Texte à compléter.

Dans l'aquarium. Une fois la ponte termin… (trois à quatre cents œu…), le mâle va chass… la femelle, non qu'il veuille la quitt…, … [mes/met/mais] il veut assur… seul la lourde tâche qui l'atten… . La solu… idéal… consiste à enlev… la femelle … [et/est] à … [la/l'a] mettre dans un autre bocal qui sera plac… contre celui dans lequel … [ce/se] trouve le mâle, afin qu'il puisse malgré tout … [la/l'a] voir. Ensuite, il va prendre dans sa bouche, une à une, ces quelques centai… de petit… virgules d'un millimètre qui s'échapp… [erons/eront] du nid … [et/est] il les y replac… délicatement.

Réussite : /20

2 Chaque paire de mots a un groupe de lettres semblables. Écris cette partie commune.

alarme et gendarme ; centaine et centime ; poliment et politesse ; septembre et septième ; dentelle et dentiste.

3 Qu'a-t-il voulu écrire ? Rétablis l'orthographe normale de ces cinq mots.

l'*aile et faon* — le *repas sage* — c'est *houx vert* — un *veau laid* — les *vestes hier*

4 Puzzle de syllabes. Avec ces dix syllabes, tu peux former cinq mots. Lesquels ?

nir — lieu — mi — mal — frir — jau — lé — nor — of — zard

5 Grille de mots. Complète cette grille avec 6 E, 3 A, 2 U, 1 O et 1 I.

Mettre en morceaux →	C		S	S		R	
Faire un trou →	C	R			S		R
Aller à la chasse →	C	H		S	S		R
Passer à côté de quelqu'un →	C	R			S		R
Parler, discuter →	C			S		R	

Total : /40

7 fiche de révision

1 Texte à compléter.

Le charmeur de serpents. Des curieux l'entour… . Hassan ne s'approch… pas trop près, car il … [a/à] un peu peur. L'homme jou… de la flûte, sa musique … [et/est] douce. Sortant d'un panier d'osier, un serpent … [ce/se] lève en tournant lent… la tête d'un côté puis de l'autre. Il gliss… doucement du panier … [et/est] se dirige vers l'homme … [a/à] la flûte magique. Il … [ce/se] dresse devant lui et, le cou gonfl…, se … [mais/met/mes] à se balanc… au rythme de la musique. Lorsque le charmeur aura fin… [i/is/it] de jouer de la flûte … [et/est] que le serpent sera retourn… dans son panier, les spectateurs lui donn… quelques pièces de monnai… pour le remerc… . Réussite : /20

2 Un mot simple peut être reconnu dans chacun des mots suivants. Trouve ces cinq mots.

champagne, graine, crinière, laitier, drapeau.

3 Vrai ou faux ?

a. À partir de **bon**, je peux écrire *bonté*.

b. **ce** s'emploie toujours avec un verbe.

c. Au pluriel, un nom prend un **s**, parfois un **x**.

d. Le verbe *courir* s'écrit avec un seul **r** au futur.

e. Pour pouvoir mettre un accent sur un **e**, il faut que le **e** soit à la fin d'une syllabe.

4 Mots à reconstituer. Voici des morceaux de mots. Trouve celui qui complète les cinq autres, puis écris ces cinq mots.

endre | déf | susp | att | appr | compr

5 Rébus. Cinq mots à trouver.

Total : /40

8 fiche de révision

1 Texte à compléter.

Les chèvres de M. Seguin. M. Seguin n'avait jamais … [eu/eut] de bonh… avec … [ces/ses/c'est] chèvres. Il les perdai… tou… de la même façon ; un beau matin, elles cassai… leur corde, s'en allai… dans la montagne, et là-haut le loup les mangeai… . Ni les caress… de leu… maître, ni la peu… du loup, rien ne les retenai… . C'était, paraît-il, des chèvres indépendan…. voulant à tou… prix le grand air et la liber… .
Le brave M. Seguin, qui ne comprenai… rien au caractère de … [ces/ses/c'est] bêtes, était constern… . Il disait :
« … [ces/ses/c'est] fini ; les chèvres s'ennui… chez moi ; je n'en garderai pas une. »

Réussite : /20

2 Chaque paire de mots a un groupe de lettres semblables. Écris cette partie commune.

prénom et surnom ; profondeur et plafond ; poignard et poignée ; enfilé et filet ; chiffre et déchiffrage.

3 Qu'a-t-il voulu écrire ? Rétablis l'orthographe normale de ces cinq mots.

un *pas laid* faire *sans blanc* la *bouche rit*
fermer le *riz d'eau* mettre le *cou vert*

4 Puzzle de syllabes.
Tu peux former cinq mots.
Lesquels ?

pia gnard pré mon lier
pou no poi pa nom

5 Grille de mots. Complète cette grille avec 3 E, 3 I, 3 U, 3 O et 1 A.

Cuire dans de l'huile →	F	R		R					
Donner un cadeau →		F	F	R		R			
Petite boîte →	C		F	F	R		T		
Avoir mal →	S			F	F	R		R	
Celui qui conduit →	C	H			F	F			R

Total : /40

9 fiche de révision

1 Texte à compléter.

Les mots enchantés. Les mots avaient grimp… sur la table du maître … [et/est] on les entendai… parl… tous ensemble. Tout à coup, l'un d'eux sauta sur le tampon d'étoffe qui servai… à essuy… le tableau et il … [ce/se] mit à cri… d'une voi… sévère :
– Silence ! Silence !
– … [cet/cette/c'est] le mot PUNITION, souffla l'encrier et la petite plume eu… envie de … [ce/se] cacher.
Le mot PUNITION était un mot tout habill… de sombre. Il port… des lunettes de fer, il tenai… un petit carnet et il fais… des grimaces tou… en parlant. … [et/est] il avait les cheveux raid… comme des ba…ettes.

Réussite : /20

2 Trouve le masculin en -er des noms suivants. Attention ! Pour l'un d'eux, c'est impossible.

une passagère, une propriétaire, la bouchère, une ouvrière, la conseillère.

3 Vrai ou faux ?

a. **Ont** est le verbe *avoir* au pluriel.
b. Beaucoup de noms féminins sont terminés par **-eure**.
c. La cédille se met seulement avant **a**, **o** et **u**.
d. Un verbe ne se termine jamais par **-oire**.
e. **C'est** peut être suivi d'un groupe du nom.

4 Mots à reconstituer. Voici des morceaux de mots. Trouve celui qui complète les cinq autres, puis écris ces cinq mots.

vitr | bét | dét | port | ail | trav

5 Rébus. Cinq verbes à trouver.

Total : /40

10 fiche de révision

1 Texte à compléter.

Un ami des oiseaux. J'ai eu un jour un corbeau qui avait une patte cass… . Je l'… [ai/est] soign…, j'ai plâtr… sa patte. Il … [et/est] resté à la maison pendant l'automne … [et/est] l'hiver. Il s'était attach… à moi. Il me suiv… partout. Quelquefois, il volait à …[mais/met/mes] côtés, …[mais/met/mes] il …[ce/se] perchait le plus souvent sur mon épaule. Quand je man…ais, par exemple, il s'install… en face de moi et picor… à même l'assiette. Quand je li…ais le journal, il tourn… les pages … [a/à] ma place. Il déf…sait …[mais/met/mes] lacets et ouvrai… les paquets. Il était capable de tout.

Réussite : /20

2 Chaque paire de mots a un groupe de lettres semblables. Écris cette partie commune.

bonheur et malheur ; environ et virage ; microscope et microbe ; justement et justice ; château et museau.

3 Qu'a-t-il voulu écrire ? Rétablis l'orthographe normale de ces cinq mots.

un *fou haie* un *pas quai* un *cou saint*
un *nez change* un *pot aime*

4 Puzzle de syllabes.
Avec ces dix syllabes, tu peux former cinq mots. Lesquels ?

quit re plir ru frain
pi ban ter rem quant

5 Grille de mots. Complète cette grille avec 7 A, 5 I, 1 O, 1 U et 1 E.

Rangée d'arbustes autour d'un pré →	H							
Légèrement froid →	F	R			S			
Contraire de toujours →	J		M			S		
Pas bon du tout →	M			V			S	
Dessin ou photo d'une personne →	P		R	T	R			T

Total : /40

Test final

Ces vingt questions correspondent à des règles d'orthographe qui sont au programme de CM1.

Passe ce test sans dictionnaire et sans regarder dans le livre.

1 Complète ces mots par eur ou eure.

une h.......... la longu..........

2 Complète au présent de l'indicatif.

il vien... il choisi... il remerci...

3 Choisis entre c et ç pour compléter.

c'est fa...ile la fa...on

4 Écris ces mots au pluriel.

un cheveu : .... un clou : ....

5 Conjugue le verbe savoir à la 1re personne du singulier et à la 1re personne du pluriel du passé composé.

Hier, j'.................... répondre, nous .... répondre.

6 Que manque-t-il : la, l'a ou là ?

Une guêpe .... piqué.

7 Complète et accorde les participes passés, si nécessaire.

Les places sont réserv...... aux locataires.

Elle a rang...... sa voiture le long du trottoir.

8 Écris l'adverbe en -ment qui correspond aux adjectifs suivants.

propre : .... heureux : ....

9 Conjugue le verbe attendre aux trois personnes de l'impératif présent.

C'est un ordre : ....

10 Complète par c'est, s'est, sais ou sait.

.... le vase bleu qui .... brisé en tombant.

11 Accorde les verbes (au présent de l'indicatif).

Victor et Marion protèg.......... leur petit frère quand les grands se moqu.......... de lui.

12 **Complète ces mots par ère ou par aire.**

le caract.......... un commiss.......... la mis..........

13 **Complète par le verbe nager à l'imparfait de l'indicatif.**

Mon grand-père .... beaucoup quand il était jeune.

14 **Ajoute é, er, ez, ais ou ait au verbe.**

On vous demande de rapport... les livres.

15 **Écris le féminin de ces adjectifs.**

joyeux : .... gratuit : .... noir : ....

16 **Écris le verbe entre parenthèses au passé simple.**

Quand il vit le faisan, le chien (*s'arrêter*) ....

17 **Complète par quel, quelle ou qu'elle.**

.... belle caméra !

18 **Dans cette phrase, ajoute le nombre 4 en lettres.**

On a changé les .... pneus de la voiture.

19 **Écris le verbe entre parenthèses au conditionnel présent.**

Si tu voulais, tu (*gagner*) .... facilement.

20 **Remplace les trois ronds par *une virgule*, *un point*, *un point d'interrogation* ou *un point d'exclamation*.**

Il lui cria :

– Attends-moi • Je suis presque prêt • Où allons-nous •

Note : ...... / 20

(1 point par question entièrement réussie).

Dans ce tableau, entoure les numéros des questions où tu as fait des erreurs.
À côté figurent les numéros des règles que tu as besoin de réviser.

1	R17	6	R43	11	R53 R54	16	R78
2	R63	7	R55 R56	12	R20	17	R45
3	R8	8	R27	13	R66	18	R15
4	R48	9	R75	14	R73 R76	19	R81
5	R69	10	R40	15	R50	20	R13

Liste des mots à apprendre au CM1

A

abriter
achat (un)
acte (un)
acteur (un)
actif
action (une)
actrice (une)
adieu
adorable
adverbe (un)
affaiblir
agneau (un)
agréablement
agricole
agriculteur (un)
agriculture (l')
aide (une)
aider
aiguille (une)
ail (de l')
aimable
ajouter
alarme (une)
allée (une)
allumer
allumette (une)
aluminium (l')
amusant
amusement (un)
ancre (une)
angle (un)
année (une)
anorak (un)
apprendre
apprenti (un)
appris
après-demain
arbitre (un)
arbuste (un)
architecte (un)
argent (l')
arrière (en)
arrivée (l')
art (l')
artisan (un)
artiste (un)
asile (un)
aspirateur (un)
assassin (un)
assis
atelier (un)
attendre
attirer
attribuer
au revoir
aucun
aucune
autant
auteur (un)
automobile (une)
autrefois
avancer
avant-hier
avenir (l')
aventure (une)
avenue (une)
avis (un)

B

bague (une)
bain (un)
bananier (un)
bassine (une)
bateau (un)
beauté (la)
bêche (une)
bêcher
béquille (une)
berceau (un)
bercer
berceuse (une)
besoin (le)
bétail (le)
bêtise (une)
betterave (une)
beurre (le)
bientôt
blague (une)
blesser (se)
bloc (un)
blond
bocal (un)
bœuf (un)
boisson (une)
boiter
bond (un)
bonheur (le)
bonnet (un)

bonsoir
bonté (la)
boucherie (une)
bougie (une)
bout (un)
boutonner
boxe (la)
boxer
boxeur (un)
bracelet (un)
bravo
brebis (une)
bref
bricolage (le)
brin (un)
bruit (le)
brun
brune
brusquement
bûche (une)
buffet (un)
buisson (un)
but (un)

C

cabane (une)
cabinet (un)
cadeau (un)
caisse (une)
calendrier (un)
calme (le)
calmer
campeur (un)
canif (un)
capable
capitale (une)
capturer
caractère (le)
carré (un)
casquette (une)
casserole (une)
cassis (le)
causer
cavalier (un)
cent
centaine (une)
centime (un)
centimètre (un)
central
centre (le)
cercle (un)
cerise (une)
cerisier (un)
chagrin (le)
chair (la)
champ (un)
champagne (le)
champêtre
changer
chapitre (un)
charcuterie (une)
charcutier (un)
charitable
charité (la)
charmant
charpente (une)
charpentier (un)
chasse-neige (un)
chasser
château (un)
chaudière (une)
chauffer
chauffeur (un)
chaussée (la)
chausser (se)
chaussette (une)
chausson (un)
chaussure (une)
chauve
cher
chéri
chevelure (la)
cheveu (un)
chez
chiffon (un)
chiffre (un)
choc (un)
choisir
choix (un)
chouette (une)
chut !
chute (une)
cicatrice (une)
cigogne (une)
ciment (du)
cimetière (un)
cinéma (le)
cinquantaine (une)
cinquante
cinquième (le)
circulation (la)
circuler
cire (de la)
cirer
clair
clairement
claquer

classer
clé (une)
client (un)
climat (le)
clinique (une)
clocher (le)
coffre (un)
coffret (un)
coiffer
coiffeur (un)
coiffure (une)
colère (la)
collier (un)
colorer
commencement (le)
commerce (le)
commun
commune (la)
comparaison (une)
comparer
compas (un)
complet
composer
composition (une)
compote (une)
comprendre
concourir
confondre
congé (un)
conjugaison (la)
connu
considérable
considérer
consoler (se)
consonne (une)
construire
content
contenter (se)
conter
contraire (le)
contrarier
conversation (une)
convoquer
cortège (un)
côte (une)
côté (à)
couchant (le)
coucher (se)
couloir (un)
coup (un)
coupable
courageux
courant (en)
courbe (une)
courber
coureur (un)
coussin (un)
couteau (un)
coutume (une)
couvercle (un)
couvert (un)
craintif
crapaud (un)
craquement (un)
craquer
crayon (un)
crédit (le)
crème (la)
crépuscule (le)
creuser
creux (un)
crin (du)
crinière (une)
crochet (un)
crocodile (un)
croiser
croquer
cuir (du)
cuisinier (un)
cuisse (la)
culotte (une)
cultivateur (un)
cultiver
curé (un)
curieux
cuvette (une)

D

danger (le)
dangereux
danser
danseur (un)
datte (une)
déboucher
début (le)
débutant (un)
débuter
décharger
déchausser (se)
déchet (un)
déchiffrer
déchirer
déclaration (une)
déclarer
décorer

découpage (un)
découper
découvrir
dedans
défaire
défaut (un)
défendre
défense (une)
définir
définition (une)
dégager
degré (un)
délicat
délice (un)
délicieux
délivrer
demain
demeure (une)
demoiselle (une)
dentelle (la)
dentiste (un)
dépense (une)
dépenser
déplacer (se)
déplaire
dérouler
désagréable
désigner
dessiner
destiner
détacher
détail (un)
détester
détruire
dette (une)
deviner
dévorer
diamant (un)
différent
dîner (le)
direction (la)
disposer
disposition (une)
disputer (se)
distraction (une)
distraire (se)
distrait
distribuer
distributeur (un)
distribution (une)
dix-sept
dix-septième (le)
docile
doucement
douceur (la)
douter
douzaine (une)
douzième (le)
drap (un)
drapeau (un)
droit
drôle
duvet (un)

E

échange (un)
éclater
économie (une)
économiser
écran (un)
écraser
écrouler (s')
éducation (l')
également
égout (un)
électrique
élégance (l')
élégant
éléphant (un)
élever
embrasser
émission (une)
empoisonner
emporter
empresser (s')
en avance
endroit (un)
enfiler
enfoncer
enlever
enseignant (un)
enseignement (l')
enseigner
ensemble
entasser
entièrement
entourer
entreprendre
envie (une)
environ
épée (une)
épidémie (une)
épinards (les)
époque (une)
épreuve (une)
équilibre (l')
équipage (un)
équipe (une)

escabeau (un)
escalade (une)
espoir (un)
esprit (un)
est (l')
établi (un)
état (un)
étendre
étendue (une)
étirer (s')
étoffe (une)
étourdi (un)
étranger (un)
étroit
étudiant (un)
étudier
eux-mêmes
éviter
exercice (un)
explication (une)
exprimer
extérieur (l')

F

fable (une)
façon (une)
faible
faim (la)
faisan (un)
fanfare (une)
fantaisie (la)
farce (une)
fardeau (un)
faucher
faux
favorable
favori (le)
femelle (une)
fendre
fente (une)
feuillage (le)
fièvre (la)
fil de fer (un)
filet (un)
finalement
fixe
flacon (un)
flamber
fleurir
flocon (un)
flots (les)
flotter
foire (une)
fond (le)
forestier
forêt (la)
fortifiant (un)
fossé (un)
fouet (un)
fouetter
foulard (un)
fournir
foyer (un)
fragile
frais
fraise (une)
fraisier (un)
franche
franchement
frapper
frisson (un)
fruitier
fuir

G

gagnant (le)
gagner
galerie (une)
gant (un)
garagiste (un)
garniture (une)
gaz (le)
gazon (le)
gelée (la)
geler
gendarme (un)
général (en)
généralement
généreux
gens (des)
glace (la)
glacé
glaçon (un)
glissade (une)
glissant
glisser
gouvernement (le)
gouverner
grain (du)
graine (une)
gramme (un)
grange (une)
gras
gratuit
gravement
gravier (le)
gravure (une)
griffe (une)
griffer
grimace (une)

grimacer
grimper
grogner
gronder
groseille (une)
grosseur (la)
grotte (une)
grouper (se)
guerre (la)
guerrier (un)
gueule (la)
guider
guirlande (une)
guitare (une)

H

habitation (une)
habiter
hache (une)
haie (une)
hanche (une)
heureux
hirondelle (une)
horloge (une)
horloger (un)
huile (l')
huit
huitième (le)
humide

I

immobile
impératif
important
imprimer
imprimerie (une)
imprimeur (un)
incapable
incomplet
indicatif (l')
indication (une)
indispensable
industrie (l')
inférieur
infini
infiniment
infirme (un)
infirmerie (l')
infirmier (un)
infirmité (une)
information (une)
informer
injure (une)
injustice (une)
inspecteur (un)
inspection (une)
instant (un)
instructif
instruire
instruit
intérieur (l')
introduction (une)
introduire
inutile
invitation (une)
invité (un)
inviter
ivre
ivresse (l')

J

jambon (le)
jaunir
jet (un)
jeter
jeu (un)
jeunesse (la)
joyeux
juge (un)
jugement (un)
juger
jus (le)
justement
justice (la)
justifier (se)

L

laiterie (une)
laitier (le)
lard (le)
largement
largeur (la)
le nôtre
le sien
le tien
le vôtre
léger
lendemain (le)
lent
lentement
lessive (la)
lézard (un)
libérer
liberté (la)
libraire (un)
lien (un)
lier
lilas (le)
lisse

local (un)
localité (une)
locataire (un)
logement (un)
loger
loisirs (les)
lot (un)
loupe (une)
lourd
luire
luisant

M

maigre
maille (une)
malgré
mandarine (une)
manège (un)
manifester
manquer
manteau (un)
marchand (un)
marchandise (la)
marée (la)
marier (se)
marteau (un)
masque (un)
matelas (un)
mauvais
méchanceté (la)
méchant
mèche (une)
médaille (une)
médecine (la)
membres (les)
menace (une)
ménagère (une)
mentir
menton (le)
menuisier (un)
mériter
mesurer
métal (le)
mettre
microbe (un)
microscope (un)
mieux
milieu (le)
mille
misérable
misère (la)
modèle (un)
moi-même
moisson (la)
molle
mont (un)
moquer (se)
morceau (un)
mou
mousse (la)
moyen
muet
multiplication (une)
multiplier
muscle (un)
musée (un)

N

navet (un)
naviguer
net
nettement
nombreux
normal
note (une)
noter
nouveau
nouvel an (le)
nouvelle
novembre
noyer (se)
nuire
numéro (un)

O

obéir
objet (un)
obligatoire
obliger
obtenir
offert
offre (une)
offrir
ombre (une)
onze
onzième (le)
opéra (un)
ordinaire
ordinateur (un)
oreiller (un)
osier (l')
oublier
ouest (l')
ouverture (une)
ouvrir
ovale (un)

P

paix (la)
palais (un)
pâle
panne (une)
paquet (un)
parapluie (un)
parc (un)
parce que
pardonner
parfaitement
parfois
parfum (un)
parfumer
parfumerie (une)
parquet (le)
part (une)
patrie (la)
paysage (un)
paysan (un)
peigne (un)
pelle (une)
pelouse (la)
pencher (se)
pendule (une)
pension (une)
perfection (la)
périr
persil (le)
personne (une)
peser
pétale (un)
peuple (un)
photo (une)
pic (un)
picorer
pile (une)
pilule (une)
piquant
piquer (se)
pistolet (un)
pitié (la)
placer
plaie (une)
plaire
plateau (un)
plâtre (le)
plier
plomb (du)
pluvieux
poème (un)
poésie (une)
poignard (un)
poignée (une)
poil (un)
poilu
poing (le)
poli
police (la)
policier (un)
poliment
polisson
politesse (la)
pommade (une)
pommier (un)
ponctuation (la)
portail (un)
portière (une)
portrait (un)
position (une)
poubelle (une)
poursuite (une)
poursuivre
pourvu que
pousser
poussette (une)
préau (le)
prénom (un)
préparatifs (les)
préparation (une)
présence (la)
présent
présenter
président (un)
présider
presse (la)
prêtre (un)
preuve (une)
prévenir
prévoir
prier
prière (une)
primaire
principal
prise (une)
prisonnier (un)
prix (le)
probablement
prochain
procurer (se)
production (une)
profil (le)
profond
profondeur (la)
promesse (une)
pronom (un)
propos (à)
proposer

proposition (une)
propreté (la)
propriétaire (un)
propriété (une)
protéger
protester
puissance (la)
puissant
punir
punition (une)

Q

qualité (une)
quarante
quatorze
quitter

R

raconter
radio (la)
rail (un)
raison (la)
rallonger
ramper
rapidement
rapidité (la)
rapporter
rapporteur (un)
ras (à)
raser (se)
râteau (un)
ravin (un)
rayer
rayon (un)
recette (une)
recevoir
réchaud (un)
récolter
récréation (la)
reçu (un)
réduction (une)
refrain (un)
refuge (un)
réfugier (se)
régaler (se)
région (une)
règle (une)
rein (un)
relation (une)
relief (le)
religieux
religion (la)
remplaçant (un)
remplacer
remplir
rentrée (la)
renverser
repas (un)
répéter
repos (le)
reposer (se)
représentation (une)
république (la)
résumé (un)
retard (en)
retourner
rêve (un)
rideaux (les)
rigole (une)
rincer
riz (le)
rôle (un)
rompre
rosier (un)
rôti (un)
rougir
rouleau (un)
ruban (un)
ruiner

S

sacrifice (un)
sagesse (la)
salaire (le)
saleté (la)
salir
sang (le)
sans doute
sauce (une)
sauterelle (une)
savant (un)
scie (une)
scolaire
secret (un)
semblant
sembler
semer
sentier (un)
sentiment (un)
sentir
sept
septembre
septième (le)
série (une)
serviable
service (un)
serviette (une)
servir

seulement
signal (un)
signaler
signature (une)
signer
signifier
silence (le)
sirop (le)
situation (une)
situer
six
sixième (le)
soif (la)
soigner
soigneusement
soigneux
soixante
soixante-dix
solution (une)
somme (la)
soudain
souffrance (la)
souffrir
soulier (un)
souligner
soupir (un)
soupirer
source (une)
sourd
souriant
sourire
souris (une)
soustraction (une)
spectacle (un)
station (une)
stupide
subir
subitement
sucer
surface (une)
surnom (un)
suspendre

T

taire (se)
tas (un)
téléphone (le)
télévision (la)
température (la)
temps (le)
tendre
tendrement
tendresse (la)
terreur (la)
terrible
têtu
toilette (la)
tonneau (un)
tôt
touffe (une)
tournant (un)
trait (un)
tranquille
transport (le)
transporter
travail (le)
travailleur (un)
traversée (une)
trentaine (une)
trente
triangle (un)
tribunal (un)
tricolore
tricot (un)
tristesse (la)
troupeau (un)
truc (un)
tuile (une)

U

unique
urgent
utiliser

V

vallée (une)
veau (un)
végétal (un)
veille (la)
vendanges (les)
venin (le)
vérifier
vestiaire (un)
vingt
vingtaine (une)
vingtième (le)
violet
virage (un)
vitrail (un)
vivant
vol (un)
volant (un)
voler
volet (un)
volontaire
volonté (la)
voyelle (une)

Y

yeux (les)

Corrigés

Observation

Chaque fiche prévoit vingt réponses. Chaque réponse juste vaut un point. Pour avoir une note sur dix, diviser le résultat obtenu par deux.

fiche 1, page 10

1. *Tu as dû relier* : il envoie et envoyer ; il se sert et se servir ; il voit et voir ; il serre et serrer. (4 pts)
2. la fumée, une rangée, la rentrée, une arrivée, une portée. (5 pts)
3. une chienne, une musicienne, une Indienne, la gardienne, une Parisienne. (5 pts)
4. extincteur, message. (2 pts)
5. *Quatre mots parmi* : comme, homme, nomme, pomme, somme, tomme (fromage de Savoie). (4 pts)

fiche 2, page 11

1. des bâtons **fins**, **longs** et **ronds** ; une baguette **fine**, **longue** et **ronde**. (6 pts)
2. les pâtes **carrées** sont plus **faciles** à prendre ; un macaroni **carré** est plus **facile** à prendre. (4 pts)
3. les **pattes** du chien ; des **pâtes** à la tomate ; ses **pattes** sont sales ; du beurre dans sa **pâte**. (4 pts)
4. *Il faut enlever* : fusil *et* persil. (2 pts)
5. une casquette, une trompette, une planche, une fillette. (4 pts)

fiche 3, page 12

1. la lettre **s**. (1 pt)
2. **Moi**, j'attends sa lettre depuis un **mois**.
   Toi, tu prends l'échelle pour monter sur le **toit**. (4 pts)
3. Tu dor**s**, nous dor**mons**, ils dor**ment**. (3 pts)
4. il passe **ses vacances** ; nous passons **nos vacances** ; où passez-vous **vos vacances ?** (3 pts)
5. court, bavard, sot, chaud. (4 pts)
6. un cavalier, une infirmière, l'épicier, le charcutier, une bijoutière. (5 pts)

fiche 4, page 13

1. *verbe* se blottir. (1 pt)
2. une planche à **pain** : pour couper le pain ; une planche à **roulettes** : qui a des roulettes ; une planche à **voile** : qui a une voile ; une planche à **billets** : pour imprimer les billets de banque. (4 pts)
3. être, faire, caresser. (3 pts)
4. dans mes bras, dans les miens, à moi ; dans tes bras, dans les tiens, à toi. (2 pts)
5. des trous, des coucous, un fou, des sous, des kangourous. (5 pts)
6. un pas, être las, un tas, un matelas, un cadenas. (5 pts)

fiche 5, page 14

1. écrire, dire, savoir. (3 pts)
2. Tu écris à ton grand-père. Elles écrivent à leur grand-père. (2 pts)
3. un balai, croire, la joie, le roi, un emploi. (5 pts)
4. grosse, grande, lourde, basse, sourde. (5 pts)
5. J'écris **ç** avant **o**, **oi**, **on**, **ou**, **oin** (tous les groupes de lettres qui commencent par un o). (5 pts)

Règles

1. un nageur, ses promesses, une feuille, une béquille, ces récoltes, le vestiaire, un vestiaire, un exercice, le logement, un logement.

9. *les pompiers* : **ils** sont venus ; *la vallée* : **elle** disparaît ; *ces étoffes* : **elles** coûtent cher ; *ta manivelle* : **elle** n'a pas servi ; *vos factures* : **elles** sont prêtes ; *cette tranche de viande* : **elle** est épaisse ; *les drapeaux* : **ils** flottaient ; *ses chaussettes* : **elles** sont usées ; *une avalanche* : **elle** bloque la route ; *les fleurs* : **elles** sentent bon.

16. *Adjectifs* : dangereux, bossu, tricolore, mou, soigneux.
Verbes : comprendre, enlever, quitter, grogner, trouver.

23. *Tu as dû faire dire à "P'tit Oui"* : Paul a gagné. Il courbait la tête. Christine voyait la mer. On a obtenu ce qu'on voulait. Il vérifia les freins. On entre (*ou* : on entre encore, on entre toujours). Il suçait son pouce. Il m'a invité. Papa le console. Elle désobéit.

25. *Tu as dû faire dire à "P'tit Oui"* : **Tu as** des allumettes. **Elle avait** des frères et sœurs. **Nous partirons** très tôt… . **Vous êtes** prêts. **On peut**

faire quelque chose. **Il s'est envolé** avec sa proie. **Il a perdu** son chemin. **Vous le trouvez** joli. **Vous habitez** dans une grande ville. **Elle sera** dangereuse.

27. la rai**s**on, dé**s**obéir, une gli**ss**ade, tou**ss**er, creu**s**er, le troi**s**ième, le repa**ss**age, la riche**ss**e, une gro**s**eille, un ré**s**umé.

30. une ba**gu**e, une **gu**irlande, un wa**g**on, obli**g**atoire, navi**gu**er, la **gu**erre, un ba**g**age, fati**gu**é, ru**gu**eux, une ri**g**ole.

33. un pi**ge**on, coura**ge**ux, il bou**ge**ait, fra**g**ile, un villa**ge**ois, un ju**ge**ment, une man**ge**oire, rou**ge**âtre, rou**g**ir, de l'oran**ge**ade.

37. un rév**eil**, une or**eille**, une éc**aille**, une gren**ouille**, une f**euille**, un ort**eil**, une méd**aille**, un chevr**euil**, une bout**eille**, un port**ail**.

40. il ab**oi**e, un cr**ay**on, la j**oi**e, enn**uy**eux, un ess**ai**, du br**ui**t, une v**oy**elle, s'ess**uy**er, un renv**oi**, p**ay**er.

42. un centim**è**tre, m**é**chant, ob**é**ir, le pr**é**sident, en col**è**re, le cinqui**è**me, un l**é**zard, de la fi**è**vre, malgr**é**, du m**é**tal.

45. une ar**ê**te, un invit**é**, un ch**ê**ne, la f**ê**te, une po**é**sie, inf**é**rieur, le mouton b**ê**le, elle-m**ê**me, un d**é**coupage, une cr**ê**pe.

48. Aurore allait d'un comptoir à l'autre. Elle appelait :
– Socrate ! Socrate !
– Tu cherches ton chien ? lui demanda un vendeur.
– Pas du tout, c'est mon frère. Il a un an, protesta Aurore.

50. un mon**t**, un cam**p**, un cham**p**, un trico**t**, énervan**t**, le galo**p**, un dra**p**, une den**t**, délica**t**, glissan**t**.

58. onze, quatorze, sept, cent, soixante, vingt, soixante-dix, mille, trente et un, quarante-sept.

61. la soirée, la veillée, l'année, la bouchée, la gorgée, la traversée, l'arrivée, la gelée, la dictée, la rentrée.

64. frais, rouge, rond, lourd, épais, laid, lent, froid, blanc, noir.

68. l'utilité, la propreté, l'obscurité, la fierté, la bonté, la pauvreté, la saleté, la nouveauté, la rapidité, la facilité.

71. une préparation, une situation, une invitation, la ponctuation, une information, la circulation, une déclaration, la respiration, l'admiration, l'imagination.

74. un caract**ère**, le contr**aire**, la gramm**aire**, la col**ère**, un sal**aire**, popul**aire**, la poussi**ère**, solid**aire**, scol**aire**, une écoli**ère**.

76. un camion, une chanson, du vin, la raison, le médecin, un citron, un orphelin, une question, le masculin, un tampon.

79. cuisinier, raison, berceuse, menuisier, artisan, rasoir, exposition, groseilles, musée, osier.

82. le choix, un creux, doux, la toux, deux, roux, faux, dix, curieux, une noix.

85. *La prononciation change dans ces mots* : marchand (marcand), pharmacie (parmacie), chaudière (caudière), ahuri (auri), charpente (carpente). *La prononciation ne change pas dans ces mots* : menthe, thé, bonhomme, rhume, bonheur.

88. une saute**relle**, une chou**ette**, une ru**elle**, une re**cette**, la den**telle**, la toi**lette**, une demoi**selle**, une voy**elle**, une servi**ette**, une fem**elle**.

95. claquer, craquer, croiser, classer, dégager.

98. agréable, parfaite, soigneuse, douce, large, nette, rapide, juste, fausse, grave.

101. le potage est **bon**, il a fait un **bond** ; quel **saut**, qu'il est **sot**, remplis ce **seau** ; un beau **conte**, monsieur le **comte**, le comptable a fini les **comptes** ; j'achète du **lait**, il est **laid.**

107. **A**. longtemps **après** elle ; **près de** onze heures ; **auprès** de toi ; **d'après** vous ; **très** contents.

B. il ne viendra **jamais** ; elle dit **toujours** la vérité ; je le crois, **mais** je me méfie ; **alors** je lui ai proposé ; **moins** que sa sœur.

112. recond**uire**, détr**uire**, sav**oir**, reconstr**uire**, pleuv**oir**, fall**oir**, reprod**uire**, s'asse**oir**, s'instr**uire**, recev**oir**.

115. la terre **est** ronde (être rond) ; ce virage **est** dangereux (être dangereux) ; du piano **et** du violon ; il n'**est** pas poli (être poli) ; il fait des grimaces **et** dit (faire **et** dire) ; elle se coucha **et** s'endormit (se coucher **et** s'endormir) ; **est**-il ouvert (être ouvert) ; il désobéit **et** se sauva (désobéir **et** se sauver) ; ce n'**est** pas stupide (être stupide) ; le boulanger **et** le libraire.

118. l'armoire **où** se trouvait ; un potage **ou** (ou bien) de la salade ; la grange **où** je me suis caché ; d'**où** viens-tu ; ton frère **ou** (ou bien) ta sœur ; **où** veux-tu aller ; à Nice **ou** (ou bien) à Cannes ; un lapin **ou** (ou bien) un lièvre ; **où** est le rayon (à quel endroit) ; elle savait **où** il fallait s'arrêter (à quel endroit).

120. **cet** arbuste**, cette** aiguille, **ces** grimaces, **cet** apprenti, **ces** boxeurs**, cet** objet, **cette** ouverture, **ces** jeux, **cet** éléphant**, ce** bruit.

123. avoir quinze ans ; avoir de grandes dents ; avoir mal (à la tête) ; avoir annoncé (du verglas) ; avoir (encore) faim ; avoir pris (le train) ; avoir trois enfants ; avoir donné (ou : n'avoir rien donné) ; avoir de la chance ; avoir repassé.

130. se coucher, se déplacer, se rencontrer, se mettre, se chauffer, se plaire, se croire, se cacher, se servir, se piquer.

137. se retourner, se regarder, se rendre, se sauver, se cacher, se disputer, se dresser, se régaler, se brûler, se réveiller.

139. **son** ombre (la sienne) ; ils **sont** partis (être parti) ; elles **sont** capables (être capable) ; **son** morceau (le sien) ; où **son**t-ils allés → ils **sont** allés (être allé) ; **son** triangle (le sien) ; **son** bateau (le sien) ; **sont-**ils ouverts → ils **sont** ouverts (être ouvert) ; **son** marteau (le sien) ; les murs **sont** soutenus (être soutenu).

141. **c'est** un chat ; **ces** chats ; **c'est** mon frère ; **ces** enfants ; **cet** animal ; **c'est** un animal ; **cet** arbre ; **c'est** un érable ; **ces** branches ; **cette** pancarte.

144. **tout le** mois ; **toute la** matinée ; **tous les** jours ; **toutes les** semaines ; **tous ces** temps-ci ; **tout mon** placard ; **tous mes** tiroirs ; **toutes ses** histoires ; **toutes leurs** affaires ; **tous nos** disques.

146. c'est <u>l'automne</u> (groupe du nom) ; c'est <u>important</u> (adjectif) ; c'est <u>elle</u> (pronom) ; c'est <u>ma meilleure amie</u> (groupe du nom) ; c'est <u>pénible</u> (adjectif).

153. **avoir** faim ; avoir **goûté** ; **avoir** l'air ; pourquoi **ont**-ils glissé (→ ils ont glissé) ; avoir **glissé** ; **avoir gagné** ; **ont** mesuré ; **avoir mesuré**. (1 pt pour chaque mot en gras)

160. **leurs** cahiers ; leurs **vélos** ; leurs **machines** ; **leur** enfant ; leur **maison** ; **leurs** livres ; **leur** résultat ; **leurs** seau**x** ; leurs **chapeaux** ; **leurs** outils.

167. elle a aidé ; le bricolage a occupé ; on a reposé ; la tempête a surpris ; il a offert ; le vent a arraché ; on a construit ; la grue a soulevé ; le policier a convoqué ; la libraire a commandé.

174. il est petit, **mais** il est malin ; je **mets** (mettre la table) ; il **met** (mettre ses mains) ; le soleil brille, **mais** il fait froid ; tu **mets** (mettre le chauffage) ; nous verrons, **mais** il faut ; maman **se met** (se mettre en colère) ; vas-y, **mais** ne tombe pas ; il **met** (mettre le réveil) ; **mes** pantoufles.

176. **quel** masque, **quels** manteaux, **quelles** chaises, **quelle** chanson, **quels** bruits, **quelle** étoffe, **quelles** bougies, **quelle** grimace, **quels** virages, **quelle** avalanche.

178. un jeu de carte**s** (avec **des** carte**s**) ; une boîte d'allumette**s** (contenant **des** allumette**s**) ; une veste de lain**e** (faite avec de **la** laine) ; des paquets de bonbon**s** (contenant **des** bonbon**s**) ; des verres de limonad**e** (contenant de **la** limonade) ; un kilo de cerise**s** (**des** cerise**s** pesant un kilo) ; une tasse de th**é** (contenant **du** thé) ; un groupe d'enfant**s** (avec **des** enfant**s**) ; des pommes de terre (qui poussent dans **la** terre) ; une collection de timbre**s** (faite avec **des** timbre**s**).

181. des berc**eaux**, un boc**al**, le drap**eau**, les sign**aux**, des noy**aux**, des tribun**aux**, le pré**au**, un crist**al**, des tonn**eaux**, des carnav**als**.

184. un chev**eu**, des ég**outs**, des f**eux**, mon gen**ou**, un nœ**ud**, des tr**ous**, des bœ**ufs**, des pi**eux**, les j**oues**, des écr**ous**.

187. une bergè**re**, un dans**eur**, une invit**ée**, une nag**euse**, une monitr**ice**, la nouv**elle**, le pays**an**, une chi**enne**, un fais**an**, une gagn**ante**.

190. une femme aimabl**e**, une histoire amus**ante**, un prix norm**al**, un récit incompl**et**, la règle princip**ale**, une fille blond**e**, une écriture réguli**ère**, une pièce cl**aire**, un temps pluv**ieux**, une voiture rap**ide**.

192. une gro**sse** fraise, de gro**sses** pêches, de gro**sses** poires, de gros fruits, nos jol**is** livres bleu**s**, mes joli**es** images bleu**es**, une joli**e** fleur bleu**e**.

198. un homme et une femme polis ; un homme et une femme serviables ; un boulanger et un boucher polis ; un boulanger et un boucher serviables ; une mère et une sœur gaies ; une mère et une sœur serviables ; une mère et une sœur gentilles ; une mère et une sœur souriantes ; une voisine et un voisin polis ; une voisine et un voisin serviables.

200. **Elle** ne chant**e** jamais. **Il** ne jou**e** pas. **Il** ne chant**e** jamais. **Elles** ne s'amus**ent** plus. **Ils** ne s'amus**ent** plus. **On** ne jou**e** pas. **On** ne chant**e** jamais. **Ma sœur** ne jou**e** pas. **Ma sœur** ne chant**e** jamais. **Mes camarades** ne s'amus**ent** plus.

207. **Il** les pos**e**. **Il** la pos**e**. **Elles** les pos**ent**. **Elles** la pos**ent**. **On** les pos**e**. **On** la pos**e**. **Ils** les pos**ent**. **Ils** la pos**ent**. **Elle** les pos**e**. **Elle** la pos**e**.

214. **Il** est arrivé. **Elle** est arrivé**e**. **Ils** sont arrivé**s**. **Elles** sont arrivé**es**. **Julie** est arrivé**e**. **Mon frère** est parti. **Mes frères** sont parti**s**. **Ma sœur** est parti**e**. **Mes sœurs** sont parti**es**. **Mes voisins** sont parti**s**.

221. **Elle avait** téléphon**é**. **Elle avait** cherch**é**. **Elle avait** abandonn**é**. **Elle était** arrêt**ée**. **Elle était** revenu**e**. **Ils ont** téléphon**é**. **Ils ont** cherch**é**. **Ils ont** abandonn**é**. **Ils sont** distribu**és**. **Ils sont** soign**és**.

227. rincé**e** (c'est **la laine** *qui est* rincée) ; signé**e** (c'est **la lettre** *qui est* signée) ; vérifi**ées** (ce sont **les opérations** *qui sont* vérifiées) ; logé**s**, **ils** (ce sont eux *qui sont* logés) ; assis**es** (ce sont **elles** *qui sont* assises) ; **ils**, ruin**és** (ce sont eux *qui sont* ruinés) ; servi**s** (ce sont **les repas** *qui sont* servis) ; avoué**e** (c'est **la faute** *qui est* avouée) ; pardonné**e** (c'est **la faute** *qui est* pardonnée) ; chauff**ée** (c'est **la caravane** *qui est* chauffée).

229. **les livres** que maman a lu**s** (ce sont les livres *qui sont* lus) ; **le livre** que maman a **lu** (c'est le livre *qui est* lu) ; **le journal** que maman a **lu** (c'est le journal *qui est* lu) ; **les journaux** que maman a lu**s** (ce sont les journaux *qui sont* lus) ; **les revues** que maman a lu**es** (ce sont les revues *qui sont* lues).

234. voul**oir**, mang**er**, pren**dre**, fin**ir**, sort**ir**, cour**ir**, trouv**er**, écr**ire**, recev**oir**, répon**dre**.

237. on lavait (passé) ; on se procurera (futur) ; je t'offrirai (futur) ; il a veillé (passé) ; elle était entourée (passé) ; je chante (présent) ; il sera protégé (futur) ; il est parti (passé) ; La Fontaine écrivit (passé) ; il dessine (présent).

239. être amusante ; avoir rampé ; être blond ; être à l'heure ; avoir vérifié ; être courageux ; avoir posé ; être distrait ; être aimable ; avoir assez d'argent.

242. je fai**s**, il (elle *ou* on) fai**t** le lit ; je vien**s**, il vien**t** souvent ; je me**ts**, il me**t** un cadenas ; je **suis**, il **est** drôle ; je voi**s**, il voi**t** le danger.

247. **tu** nag**es** ; **ils**, **elles** dorm**ent** ; **il**, **elle**, **on** réfléchi**t** ; **je**, **il**, **elle**, **on** soupir**e**.

255. je pein**s**, je compren**ds**, je ven**ds**, je rejoin**s**, je crain**s**, j'appren**ds**, je te ren**ds**, j'étein**s**, je cou**ds**, je ten**ds**.

261. il (elle *ou* on) ét**ait** capable ; ils (*ou* elles) ét**aient** capables ; il av**ait**, ils av**aient** du courage ; il cour**ait**, ils cour**aient** vite ; il ten**ait**, ils ten**aient** la laisse du chien ; il fais**ait**, ils fais**aient** semblant.

266. je ri**ais**, on nag**eait**, il commen**çait**, nous boug**ions**, elles avan**çaient**, je plong**eais**, elle se coiff**ait**, on désobéiss**ait**, tu rin**çais**, ils chang**eaient.**

268. il (elle *ou* on) sau**ra**, ils (*ou* elles) sau**ront** conduire ; il se**ra** enseignant ; ils se**ront** enseignant**s** ; il donne**ra** son avis ; ils donne**ront** **leur** avis ; il pour**ra**, ils pou**rront** travailler ; il au**ra**, ils au**ront** un bon métier.

273. on téléphon**era**, je jou**erai**, je m'appliqu**erai**, on s'amus**era**, tu ne te sali**ras** pas, ils goût**eront**, vous regard**erez**, elle choisi**ra**, elle s'habitu**era**, il condui**ra**.

275. j'ai fin**i**, il (elle *ou* on) a fin**i** ; je suis allé(e), il est allé (*ou* elle est allée) ; j'ai di**t**, il a di**t** ; j'ai **fait**, il a **fait** ; j'ai **eu**, il a **eu**.

280. 1. Le passé composé. 2. C'est un temps composé (formé de l'auxiliaire *avions* et du participe passé *pris*). 3. *je vais* (verbe *aller*, au présent) 4. Au futur antérieur. 5. *j'aurai pris* (verbe prendre, au futur antérieur).

285. il a descend**u** ; elle a pass**é** ; ils avaient ment**i** ; ils ont vend**u** ; elle a beaucoup grand**i** ; le chasseur a aperç**u** ; on a chois**i** ; il est all**é** ; elle a attend**u** ; les élèves ont obé**i**.

287. une chose *qui est* d**ite** ; une chose *qui est* pr**ise** ; une fleur *qui est* sent**ie** ; une viande *qui est* cu**ite** ; une voiture *qui est* condu**ite**.

293. Il **avait** réveill**é** Cécile. Il faut réveill**er** Gilles. Je veux réveill**er** Gilles. Je tiens à réveill**er** Gilles. **J'ai** réveill**é** Cécile.

300. Vien**s**, pren**ds** un cahier, soi**s** sage, donn**e** ce livre, met**s** une veste, fai**s** ce problème, ai**e** du courage, cour**s** tête baissée, cueill**e** des pommes, **va** à la gare.

303. répon**ds** tout de suite, par**s** vite, écout**e** la radio, écri**s** une lettre, sui**s** cette voiture, fini**s** tes devoirs, regard**e** avant de traverser, mang**e** lentement, ren**ds** le ballon, dor**s** bien.

305. vous dans**ez** ; vous avez dans**é** ; tu march**ais** ; il préfère march**er** ; le garçon march**ait**.

311. il (elle *ou* on) **fit** son lit ; ils (*ou* elles) **firent** son *ou* leur lit ; il **eut**, ils

eurent la preuve ; il **fut**, ils **furent** là ; il donn**a**, ils donn**èrent** le signal ; il all**a**, ils all**èrent** au marché.

316. il (elle *ou* on) se retourn**a** brusquement ; il écriv**it** le chiffre 7 ; il perd**it** espoir ; il cour**ut** vers la sortie ; il dans**a** de joie ; il cr**ut** voir une ombre ; il décid**a** de téléphoner ; il appel**a** de l'aide ; il s'endorm**it** ; il d**it** un mensonge.

319. *Temps simples soulignés d'un trait* : elle partit ; elle prit ; il mit ; son père voulut ; il sortit.

Temps composés soulignés de deux traits : il est parti ; mes parents ont voulu ; ils ont pris ; on est sorti ; il a mis.

321. je fe**rais**, nous fe**rions** tous les exercices ; je pren**drais**, nous pren**drions** le bateau ; je cou**rrais**, nous cou**rrions** plus vite ; j'i**rais**, nous i**rions** en Amérique ; je se**rais**, nous se**rions** pilotes.

326. tu t'inscri**rais**, tu cou**rrais**, tu gagne**rais** ; tout le monde applaudi**rait** ; une majorette te tend**rait**, t'embrasse**rait** ; tu monte**rais**, le maire te félicite**rait** ; des journalistes te photographi**eraient**, on te **verrait**.

* * *

2. *Le dessin du groupe du nom fait penser à une cuillère. Tu as dû le tracer sous* : la boucherie, des casseroles, un secret, le toit, des tuiles, du sirop, ta limonade, cette automobile, mon chien, des puces.

10. Le pompier conduit la voiture. Le vendeur conduit la voiture. La fillette pilote l'avion. Ma sœur pilote l'avion. Sa mère pilote l'avion. Les gendarmes lavent la vaisselle. Les apprentis lavent la vaisselle. Les garçons lavent la vaisselle. Les infirmières font le ménage. Les filles font le ménage.

17. blonde, brune, courageux, chauve, curieux, inutile, primaire, puissant, agréable, instructif.

31. un bo**c**al, compli**qu**é, cro**qu**er, un **c**abinet, le par**qu**et, une é**qu**ipe, une ci**c**atrice, un dé**c**oupage, un re**qu**in, l'édu**c**ation.

35. un commer**ç**ant, prin**c**ipal, il lan**ç**ait, dénon**c**er, un méde**c**in, une **c**igale, vous rin**c**erez, une balan**ç**oire, un commer**c**e, su**c**er.

46. un p**ê**cheur, t**ê**tu, s'arr**ê**ter, un v**ê**tement, une b**ê**tise, la fen**ê**tre, des r**ê**ves, la temp**ê**te, un pr**ê**tre, une enqu**ê**te.

51. une femme courag**euse**, une assiette cr**euse**, un enfant joy**eux**, un plat délici**eux**, une bête curi**euse**, un temps pluvi**eux**, elle est génér**euse**, un chat heur**eux**, un virage danger**eux**, un mal doulour**eux**.

65. la grosseur, la hauteur, la douceur, la largeur, la profondeur, la grandeur, la longueur, la maigreur, la minceur, la pâleur.

69. méchant, égal, immobile, solide, simple, libre, infirme, réel, clair, léger.

77. chagr**iner**, faç**onner**, friss**onner**, stati**onner**, dess**iner**, bout**onner**, vacc**iner**, pard**onner**, pat**iner**, chem**iner.**

86. de **l'**huile, **l'**hirondelle, **la** haie, **le** hameau, **l'**horloge, **l'**habitude, **la** hache, **l'**homme, **l'**hélicoptère, **le** héros.

89. une fourchette, une clochette, une miette, une cachette, une cuvette, une trompette, une bavette, une barrette, une devinette, une couchette.

96. amusé → amusement ; enseigné → enseignement ; jugé → jugement ; gouverné → gouvernement ; miaulé → miaulement.

99. curieuse, curieusement ; tendre, tendrement ; gratuite, gratuitement ; simple, simplement ; malheureuse, malheureusement ; calme, calmement ; aimable, aimablement ; étroite, étroitement ; prochaine, prochainement ; profonde, profond**é**ment.

102. les installations du **port**, un jeune **porc** ; ce pantalon est trop **court**, le **cours** de la rivière, la **cour** a été goudronnée ; c'est la **fin**, il a **faim** ; une drôle de **voix**, je le **vois**, il me **voit.**

108. **A.** je sais **maintenant** ; **devant** la porte ; une heure **durant** ; **avant** toi ; **pendant** une semaine.
B. **depuis** trois jours ; **lorsqu'**il leva ; **puis** il s'endormit ; **puisque** tu veux sortir ; elle a **presque** toujours raison.

124. **à** la gardienne, **à** la mairie, **au** Japon, **au** huitième rang, **à** monsieur Dupont.

131. **ce** chât**eau** for**t**, **ce** tabl**eau** modern**e**, **ce** file**t** de pêche, **ce** **jeu** informatiqu**e**, **ce** microb**e** dangereux, **ce** refr**ain** célèbr**e**, **ce** déch**et** agricol**e**, **ce** brui**t** de moteur, **ce** trico**t** de laine, **ce** gran**d** écra**n**.

147. se tromper, s'excuser, s'ass**e**oir, se tourner, se passer.

154. **on** nous dit ; **on** a été très applaudi ; **on** enveloppa le paquet, **on** ajouta ; **on** vit une brebis, **on** courut ; **on** a campé ; **on** a démonté ; **on** joue du piano ; **on** nous a signalé.

161. On pose des questions. Je pardonnerai. Il ouvre la porte. On montre une carte. Elles expliquent un problème. Elles offrent du thé. Tu annonces la nouvelle. Ils défendent de crier. Vous racontez des histoires. Tu réponds.

168. avoir fendu, avoir invité, avoir cassé, avoir félicité, avoir raconté, avoir mordu, avoir volé, avoir séparé, avoir jeté, avoir écouté.

182. des trav**aux**, les mét**aux**, des dét**ails**, des hôpit**aux**, des tot**aux**, les port**ails**, des termin**aux**, des vitr**aux**, des chac**als**, des évent**ails**.

185. des caillou**x**, des verrou**s**, des cachou**s**, des pneu**s**, des clou**s**, des vœu**x**, des matou**s**, les lieu**x**, des fou**s**, des pou**x**.

193. des billets gratuit**s**, des histoires amusant**es**, une actrice connu**e**, des voisins agréable**s**, un directeur sévère, des jeux instructif**s**, un buffet ciré, des cheveux sombre**s**, une chatte crainti**ve**, une perruque noir**e**.

201. **mes frères** chant**ent** ; **on** pouvait ; **les élèves** ne bavard**ent** plus ; **le chat** attrap**e** ; **elles** ne sava**ient** pas, **ils** ava**ient** apporté ; que deman**dent-ils** ? ; **on** ne mang**e** pas ; **ces** acteurs jou**ent** ; **des** trains emmèn**ent.**

208. **je** leur souhait**e** (je souhaite) ; **les garçons** se tena**ient** ; **mon camarade** riai**t** ; **Pierre** et **Paul** ava**ient** (Pierre + Paul → 1 + 1 = 2) ; **elle** les écout**e** (elle écoute) ; **la lumière** qui les attir**e** (la lumière attire) ; **les filles** repart**ent** ; **elles** la regard**ent** (elles regardent) ; **la surprise** les rendai**t** muets (la surprise rendait) ; **je** les rencontr**e** (je rencontre).

215. ces bouquets sont composé**s** ; ma gourde est rempli**e** ; leurs voitures étaient chargé**es** ; sa maison est situé**e** ; deux lions ont été capturé**s** ; les murs sont soutenu**s** ; elle a été mordu**e** ; une deuxième séance est prévu**e** ; les récompenses ont été mérité**es** ; il s'est excusé.

222. **les scouts** sont arrivé**s** (ce sont les scouts *qui sont* arrivé**s**) ; les scouts ont campé ; il a couru ; **il** est tombé (c'est lui *qui est* tombé) ; **nous** sommes resté**s** (c'est nous *qui sommes* resté**s**) ; **nous** avons poussé (je n'ai pas encore écrit ce *qui est* poussé au moment où j'écris « poussé ») ; **elle** est parti**e** (c'est elle *qui est* parti**e**) ; **elle** a oublié (je n'ai pas encore écrit ce *qui est* oublié au moment où j'écris « oublié ») ; **ces tentes** sont utilisé**es** (ce sont les tentes *qui sont* utilisé**es**) ; ces tentes ont abrité (je n'ai pas encore écrit ce *qui est* abrité au moment où j'écris « abrité »).

230. distribué**s** (ce sont les gâteaux *qui sont* distribué**s**) ; mis**e** (c'est la lettre *qui est* mis**e** à la poste) ; creusé**e** (c'est la tranchée *qui est* creusé**e**) ; pardonné**e** (c'est la faute *qui est* pardonné**e**) ; pes**é** (c'est le paquet *qui est* pesé) ; not**ée** (c'est la recette *qui est* not**ée**) ; entend**u** (c'est le cri *qui est* entend**u**) ; comparé**es** (ce sont les images *qui sont* comparé**es**) ; déchiffré**s** (ce sont les messages *qui sont* déchiffré**s**) ; prévenu**s** (ce sont les gens *qui sont* prévenu**s**).

243. tu sai**s**, vous savez lire ; tu veu**x**, vous voulez un jeu ; tu **as**, vous avez des dettes ; tu pren**ds**, vous prenez l'air ; tu va**s**, vous allez à reculons.

248. ils, elles creusent ; je, il, elle, on boutonne ; tu sembles ; il, elle, on prévoit.

256. il se plain**t** ; elle ton**d** ; on atten**d** ; elle attein**t** ; il me surpren**d** ; on tein**t** ; elle descen**d** ; il repein**t** ; on enten**d** ; elle crain**t**.

262. tu pouv**ais**, vous pouv**iez** dessiner ; tu all**ais**, vous all**iez** au marché ; tu voy**ais** tes cousins, vous voy**iez** vos cousins ; tu pren**ais**, vous pren**iez** un parapluie ; tu parcour**ais**, vous parcour**iez** le monde.

269. j'i**rai**, nous i**rons** en Italie ; je cou**rrai**, nous cou**rrons** comme un lièvre ; je cueill**erai**, nous cueill**erons** des fleurs ; je f**erai**, nous f**erons** des achats ; je prend**rai**, nous prend**rons** des photos.

276. tu **as** mis, vous av**ez** mis une veste ; tu **as** été, vous av**ez** été heureux ; tu **as** pris, vous av**ez** pris un stylo ; tu **as pu**, vous av**ez pu** partir ; tu **as** surpris tes amis, vous av**ez** surpris vos amis.

281. *Verbes conjugués à un temps simple* : tu viens ; nous irons ; on fera ; je serai ; je prends.
Verbes conjugués à un temps composé : il avait pris ; elle est allée ; vous aurez eu ; ils sont venus ; elles eurent fait.

288. elle a perm**is** ; il a fleur**i** ; ils ont reprodu**it** ; on a interd**it** ; nous avons surpr**is**.

294. *Phrases avec participe passé en -é* : J'ai **rayé** la réponse fausse. On a tout **vérifié**. Il a **présidé** la réunion. On l'a **capturé**. Tu l'as **oublié**.
Phrases avec infinitif en -er : Nous allons **déménager**. On doit **semer** les graines. Elle va **habiter** à Paris. On peut t'**aider**. Vous devez **avancer**.

306. nous avons pass**é** ; il vient de pass**er** ; vous pass**ez** ; le car est pass**é** ; mon frère pass**ait** ; je pass**ais** ; les chiens pass**aient** ; ma sœur pass**ait** ; il va pass**er** ; elle pourrait pass**er**.

312. je v**is**, il (elle *ou* on) v**it** un crocodile ; je d**us** m'arrêter, il d**ut** s'arrêter ; je rev**ins**, il rev**int** en classe ; je pr**is**, il pr**it** peur ; je voul**us**, il voul**ut** entrer.

322. *Si elle voulait,* elle (il *ou* on) aurait une moto, elles (*ou* ils) auraient une moto ; elle cueill**er**ait, elles cueill**er**aient des fraises ; elle viendrait, elles viendraient à ma rencontre ; elle pou**rr**ait, elles pou**rr**aient gagner ; elle s**au**rait, elles s**au**raient chanter.

* * *

3. *Une personne* : un gendarme, une actrice, un juge. *Un animal* : un faisan, une brebis. *Une chose* : une allumette, un aspirateur, un parapluie. *Une idée* : la liberté, un défaut.

11. *Tu as dû entourer ces dix mots en gras* : **ils** sont ; **elle** dormait ; **tu** peux ; **nous** sommes arrivés ; **on** nagera ; **ils** ouvrent le portail puis **ils le** referment ; va **la** poster ; **elles** ont peur.

18. oublie (oublier), mesura (mesurer), remplit (remplir), avançait (avancer), avoua (avouer), souhaite (souhaiter), pesiez (peser), ouvre (ouvrir), ralentit (ralentir), rougit (rougir).

52. blon**d**, un clien**t**, c'est chau**d**, un marchan**d**, il est len**t**, l'ar**t**, du lar**d**, étroi**t**, sour**d**, cen**t**.

90. au beu**rr**e, un co**ll**ier, tube de po**mm**ade, une tou**ff**e, une gro**tt**e, une culo**tt**e, un ca**rr**é, le chi**ff**re, un coup de si**ff**let, la gue**rr**e.

103. deux ou trois **fois**, le **foie** d'une oie ; ce pull **vert**, aller **vers** le torrent, contient un **ver**, ce **verre** de limonade ; **sent** bon, une tache de **sang**, **cent** trois, **sans** enfants.

125. il **a** peu d'argent ; **à** la fête ; **à** Nancy ; cette boîte n'**a** plus de couvercle ;

il **a** appris ; **à** naviguer ; **a**-t-elle un stylo (→ elle **a** un stylo) ; il **a** de la peine ; **à** la tombée de la nuit ; c'est **à** moi.

132. **ce** microscope ; il **se** peigne ; **ce** prêtre ; **ce** fil de fer ; ils **se** sentent fatigués ; **ce** feuillage ; qu'on **se** suive, **se** perdre ; **ce** crocodile ; **ce** flacon.

148. elle **s'est** arrêtée (**s'**arrêter) ; **c'est** très amusant ; **c'est** énervant ; Jean **s'est** assis (**s'**asseoir) ; **c'est** faux ; on **s'est** remis (**se** remettre) ; il **s'est** promené (**se** promener) ; **c'est** différent ; on **s'est** sauvé (**se** sauver) ; il **s'est** rendu (**se** rendre).

155. **on** va capturer ; ils **ont** imprimé (**avoir** imprimé) ; les paysans **ont** fini (**avoir** fini) ; **on** s'approche ; **on** lui a pardonné ; les chiens **ont** grogné (**avoir** grogné) ; va-t-**on** fêter (→ **on** va fêter) ; **on** s'est régalé ; **on** finira demain ; ils n'**ont** pas encore ouvert (**avoir** ouvert).

162. leur poème, leurs clés, leur guitare, leur ou leurs repas, leur placard, leur ou leurs souris, leurs jeux, leur secret, leurs surnoms, leurs pétales, leur cousin, leur ou leurs choix, leurs défauts, leur signature, leur ou leurs matelas, leur casquette.

169. Je protège. Tu jettes. On posera. Ils soigneront. Elle répare. Maman rinçait avec soin. Je remercie. Tu pèseras. Cyril regardait avec envie. Son propriétaire réclamera sans doute.

194. des chemises rouges ; une veste chaude ; une veste bleue ; un manteau trop court ; des souliers propres ; des souliers rouges ; des souliers neufs ; des chaussettes propres ; des chaussettes usées ; des chaussettes rouges.

202. ces pierres ressembl**ent** ; il n'avai**t** ; ses enfants regard**ent** ; étai**ent**-elles ; ils couch**ent** ; elles cour**ent** ; ces insectes suc**ent** ; les arbres pliai**ent** ; où étai**t**-il ; tes histoires m'amus**ent**.

209. un homme et une femme marchai**ent** (un homme + une femme → 1 + 1 = 2) ; **les gens** dorm**ent** ; **ses parents** la tenai**ent** (ses parents tenaient) ; **sa mère** le consol**e** (sa mère console) ; Éric et Franck fêt**ent** (Éric + Franck → 1 + 1 = 2) ; **tu** le pos**es** (tu poses) ; **il** les détachai**t** (il détachait) ; **les garçons** la clou**ent** (les garçons clouent) pour que tous **les visiteurs** puiss**ent** ; l'enfant et le chien aim**ent** (l'enfant + le chien → 1 + 1 = 2).

216. elle a été pouss**ée** ; les enfants ont été priv**és** ; les voleurs seront jug**és** ; l'électricité est fourni**e** ; elles seront choisi**es** ; cet appartement est occup**é** ; les valises ont été oubli**ées** ; les baigneurs sont étend**us** ; tous les messages seront déchiffr**és** ; ces mots sont ray**és**.

249. je m'instrui**s**, j'oubli**e**, je rinc**e**, je défai**s**, j'écri**s**, je class**e**, je cour**s**, j'arriv**e**, je m'enfui**s**, j'appui**e**.

257. tu répon**ds** ; notre voisin ton**d** ; je veu**x** ; on se plain**t** ; est-ce que tu repren**ds** ; cette montagne attein**t** ; le président du club défen**d** ; il per**d** ; j'enten**ds** ; tu confon**ds**.

289. une élève *qui est* inscr**ite** ; une chose *qui est* prod**uite** ; une région *qui est* conqu**ise** ; une construction *qui est* démol**ie** ; une expédition *qui est* entrepr**ise** ; une chose *qui est* fai**te** ; une fleur *qui est* offer**te** ; une lettre *qui est* rem**ise** ; une chose *qui est* repr**ise** ; une idée *qui est* adm**ise**.

295. j'ai mang**é** (avoir mangé) ; je veux mang**er** (je veux… *quoi faire ?* manger) ; je suis tomb**é** (être tombé) ; je viens de tomb**er** (je viens de… *quoi faire ?* de tomber) ; il faut se relev**er** (il faut… *quoi faire ?* se relever) ; il s'est relev**é** (s'être relevé) ; elle a bien chant**é** (avoir chanté) ; elle va chant**er** (elle va… *quoi faire ?* chanter) ; il doit march**er** (il doit… *quoi faire ?* marcher) ; nous avons march**é** (avoir marché).

307. Elle veut dessin**er**. Nous avons dessin**é**. Il**s** dessin**aient**. Vous dessin**ez**. On dessin**ait**. Tu dois écout**er**. J'écout**ais**. Vous aviez écout**é**. L'élève écout**ait**. Tu écout**ais**.

* * *

53. ba**s**, un souhai**t**, épai**s**, parfai**t**, stupéfai**t**, un ta**s**, distrai**t**, satisfai**t**, mauvai**s**, du lai**t**.

91. te**rr**asse, coi**ff**eur, perme**tt**re, so**nn**erie, po**mm**ier, na**pp**eron, co**ll**age, sou**ff**rance, chau**ff**age, perso**nn**age.

149. mon frère **sait** déjà lire (**savoir** lire) ; il **s'est** précipité (**se** précipiter) ; c'est triste ; est-ce qu'il **sait** mon nom (**savoir** mon nom) ; **c'est** un joueur ; bébé **s'est** réfugié (**se** réfugier) ; **c'est** une ancienne ligne ; elle **s'est** décidée (se décider) ; il **sait** conjuguer (**savoir** conjuguer) ; **c'est** mon cousin.

163. **leur** bouteille ; on **leur** a volé (on a volé) **leurs** papiers ; les enfants **leur** jettent (les enfants jettent) ; **leur** chien ; **leur** maîtresse ; ses cousins **leur** apportèrent (ils apportèrent) ; **leur** magasin ; qui **leur** a donné (qui a donné) ; tu **leur** as prouvé (tu as prouvé).

170. par **là** (par ici) ; qui veut **la** terminer ; tu **l'as** très bien réglée (**tu as** réglé) ; il **l'a** perdue (il a perdu) ; il ne **la** retrouvera pas (il retrouvera) ; ma clé n'est pas **là** (ici) ; **là**-haut ; je **la** distribuerai (je distribuerai) ; il ne **l'a** pas lu (il a lu) ; qui **la** remplacera (qui remplacera).

250. il camp**e** ; elle choisi**t** ; on te remerci**e** ; elle se justifi**e** ; il obéi**t** ; on se réjoui**t** ; elle jauni**t** ; on aperçoi**t** ; il éternu**e** ; on revien**t**.

Transfert - Habileté

• *Chaque fiche prévoit quarante réponses. Chaque réponse juste vaut un point. On peut alors facilement calculer une note sur dix ou sur vingt.*

• *Dans chaque fiche de révision, on peut noter les exercices séparément ou en les regroupant :*
– le texte à compléter est prévu pour être noté sur vingt points ;
– les quatre exercices suivants sont chacun sur cinq points.

fiche 1, page 136

1. **Texte :** le coiff**eur** - propos**a** Aurore - di**t** papa - ils entrèr**ent** - Papa s'in**s**talla - un faut**euil** - le visage barbou**illé** - il re**ss**embla - son ra**s**oir - le garçon (...) se mi**t** - au trav**ail** - les yeu**x** - elle ne pouvai**t** - par bonh**eur** - Papa apparu**t** - un bai**s**er - **à** sa fille - s'adre**ss**ant - vous av**ez** - réu**ssi**. (20 pts)
2. l'épicier - un cavalier - un cuisinier - le garde-barrière - le couturier. (5 pts)
3. un chasseur - un chapeau - un chameau - un chagrin - un chaton. (5 pts)
4. agneau - buffet - barbu - chausson - duvet. (5 pts)
5. achat - opéra - péniche - porter - dépenser. (5 pts)

fiche 2, page 137

1. **Texte :** nous pouvons rencontr**er** - la couleuvre **à** collier - des lieu**x** - lieux humid**es** - elle pon**d** - de **dix** - à **trente** œufs - enfoui**s** (les œufs) - des végétau**x** - un ta**s** - **quinze** - **vingt** cm - les œufs éclos**ent** - (elles) **se** (nourrissent) - nourriss**ent** - son somm**eil** - on **la** verra - sa langue **à** deux fourches - cherchant à impressionn**er** - l'ennemi qui l'atta**que**. (20 pts)
2. vingt - cinq - sept - cent - six. (5 pts)
3. une conso**nn**e - une lio**nn**e - le ci**n**éma - l'alumi**n**ium - pardo**nn**er. (5 pts)
4. bocal - durant - chauffeur - envie - bravo. (5 pts)
5. chat - achat - cacher - marcher - détacher. (5 pts)

fiche 3, page 138

1. **Texte :** le roi app**e**lle **- cette** case - elle est rempl**ie** - les grains sont mélang**és** - tu vas les tri**er** - tu n'y arriv**es** pas - **et** raconte - **ses** parents - **ses** petits - **ses** amis - tout**es** les fourmis - **se** (rassembler) - (elles se) rassembl**ent** - la case **où** - les grains mélang**és** - **se** (diviser) - (elles se) divis**ent** - trois group**es** - le trav**ail** - (il) est termin**é**. (20 pts)
2. le commissaire - le banquier (ou : la banquière) - le caissier (ou : la caissière) - le boulanger (ou : la boulangère) - le (ou la) secrétaire. (5 pts)

3. **a**. Faux (règle 37). **b**. Vrai (règle 54). **c**. Faux (règles 53 et 54). **d**. Vrai (règle 45). **e**. Vrai (règle 15, mais *vingt* et *cent* peuvent parfois prendre un **s**). (5 pts)

4. frisson - écran - début - hauteur - gazon. (5 pts)

5. danger - cadeau - lilas - pompier - citron. (5 pts)

fiche 4, page 139

1. **Texte :** ayant achev**é** - l'âne fu**t** - **ce** qu' - il vi**t** - **on** se connaît - je n'au**rais** - Marinette rougi**t** - l'âne poursuivi**t** - **c'est** comme les oreilles - **on** m'a souvent - répét**é** - que je les avai**s** - long**ues** - au point **où** les voilà - je ne l'aurais pas pens**é** - Marinette, gên**ée** - **(**Marinette) rougi**t** - il **est** vrai - à elles seul**es** - les oreilles avai**ent**. (20 pts)

2. cri - médecin - lent - marin - carte. (5 pts)

3. un **pinceau** - un **fardeau** - la **police** - le **bouquet** de fleurs - une tranche de **jambon**. (5 pts)

4. entrevoir - recevoir - prévoir - pleuvoir - falloir. (5 pts)

5. rêve - ravin - pivert - savon - sève. (5 pts)

fiche 5, page 140

1. **Texte :** il ne crain**t** - mordu, **mais** - il fini**t** - par triomph**er** - **ses** victimes - pareil**s** festins - (ils) ne le détourn**ent** - sa tâche habituel**le** - les limaces gris**es** - (les limaces) noir**es** - (les limaces) rouge**s** - qui infest**ent** - les insectes engourd**is** - ceux qui pass**ent** - il sommeil**le** - **mais** le soir - il se **met** en chasse - de petit**es** haltes - aveugl**é** (il) - sous les rou**es**. (20 pts)

2. une pompe - un camion - un parfum - une horloge - un journal. (5 pts)

3. **a**. Faux (il peu**t**, règle 64). **b**. Vrai (règle 33). **c**. Vrai (règles 35 et 36). **d**. Faux (es, est → verbe *être*, règle 61). **e**. Faux (ai → verbe *avoir*, règle 61). (5 pts)

4. faisan - paysan - artisan - ruban - écran. (5 pts)

5. charger - danser - libérer - chasser - neiger. (5 pts)

Références des ouvrages cités

p. 37	ex. 48	A.-C. Vestly, *Aurore et la petite auto bleue*, Bibl. de l'Amitié, Rageot.
p. 37	ex. 49	D'après A. Martel, *Le miracle du Fuji-Yama*, Bibl. de l'Amitié, Rageot.
p. 91	ex. 213	D'après S. Duflos et J.-L. Grailles, *D'étangs en marais,* Hatier.
p. 98	ex. 233	D'après C. Jacobsen, *Votez pour maman*, Bibl. de l'Amitié, Rageot.
p. 105	ex. 254	Giorda, *La plante mystérieuse*, Collection Ratus Poche, Hatier.
p. 107	ex. 260	D'après A.-C. Vestly, *Bon voyage, Aurore,* Bibl. de l'Amitié, Rageot.
p. 109	ex. 265	J.-P. Nozière, *Le facteur tête en l'air*, Collection Ratus Poche, Hatier.
p. 126	ex. 310	D'après Ch. Grenier, *La guerre des poireaux*, Collection Cascade, Rageot.
p. 128	ex. 315	D'après C. Haywood, *Eddie et Gardénia au Texas*, Bibl. de l'Amitié, Rageot.
p. 136	ex. 1	A.- C. Vestly, *Aurore et la petite auto bleue,* Bibl. de l'Amitié, Rageot.
p. 137	ex. 1	D'après S. Duflos et J.-L. Grailles, *D'étangs en marais,* Hatier.
p. 138	ex. 1	D'après M. Kouyaté, *Thiéni Gbanani, l'enfant terrible,* Les livres du soleil, CEDA-Hatier
p. 139	ex. 1	D'après Marcel Aymé, *Les contes du chat perché,* Gallimard.
p. 140	ex. 1	D'après S. Duflos et R. Brandicourt, *Dans le pré*, Hatier.
p. 141	ex. 1	D'après C. Cuvelier, *Mon aquarium*, Marabout Flash.
p. 142	ex. 1	D'après *Sept enfants du monde*, Les livres du soleil, CEDA-Hatier.
p. 143	ex. 1	D'après Alphonse Daudet, *Lettres de mon moulin.*
p. 144	ex. 1	P. Gamarra, *Les mots enchantés.*
p. 145	ex. 1	D'après B. Byars, *Le secret de l'oiseau blessé,* Collection Cascade, Rageot.

Liste des règles

pages

Notions de base

Orthographe d'usage

Homophones grammaticaux

Accords en genre et en nombre

Formes verbales

Table des matières

Achevé d'imprimer par Mateu Cromo - Dépôt légal N° 11213 - Fevrier 2000